FERRET 1973

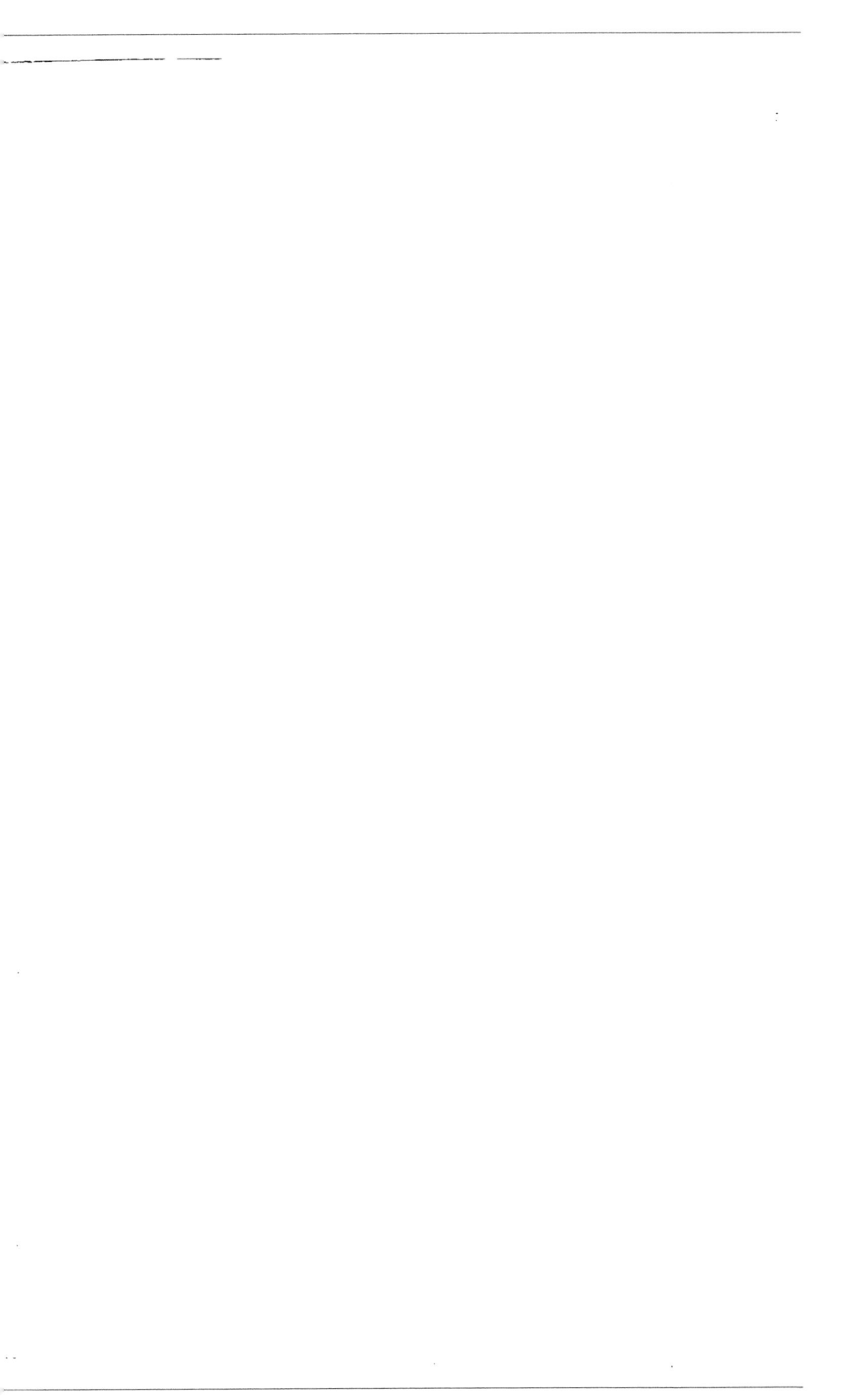

LE SIÉGE ET LE BLOCUS

DE BESANÇON

PAR

RODOLPHE DE HABSBOURG ET JEAN DE CHALON — ARLAY

EN 1289 ET 1290.

ÉTUDIÉS DANS LES TEXTES ET SUR LE TERRAIN

PAR

AUGUSTE CASTAN

BESANÇON

IMPRIMERIE DE DODIVERS, GRANDE-RUE, 42.

1869

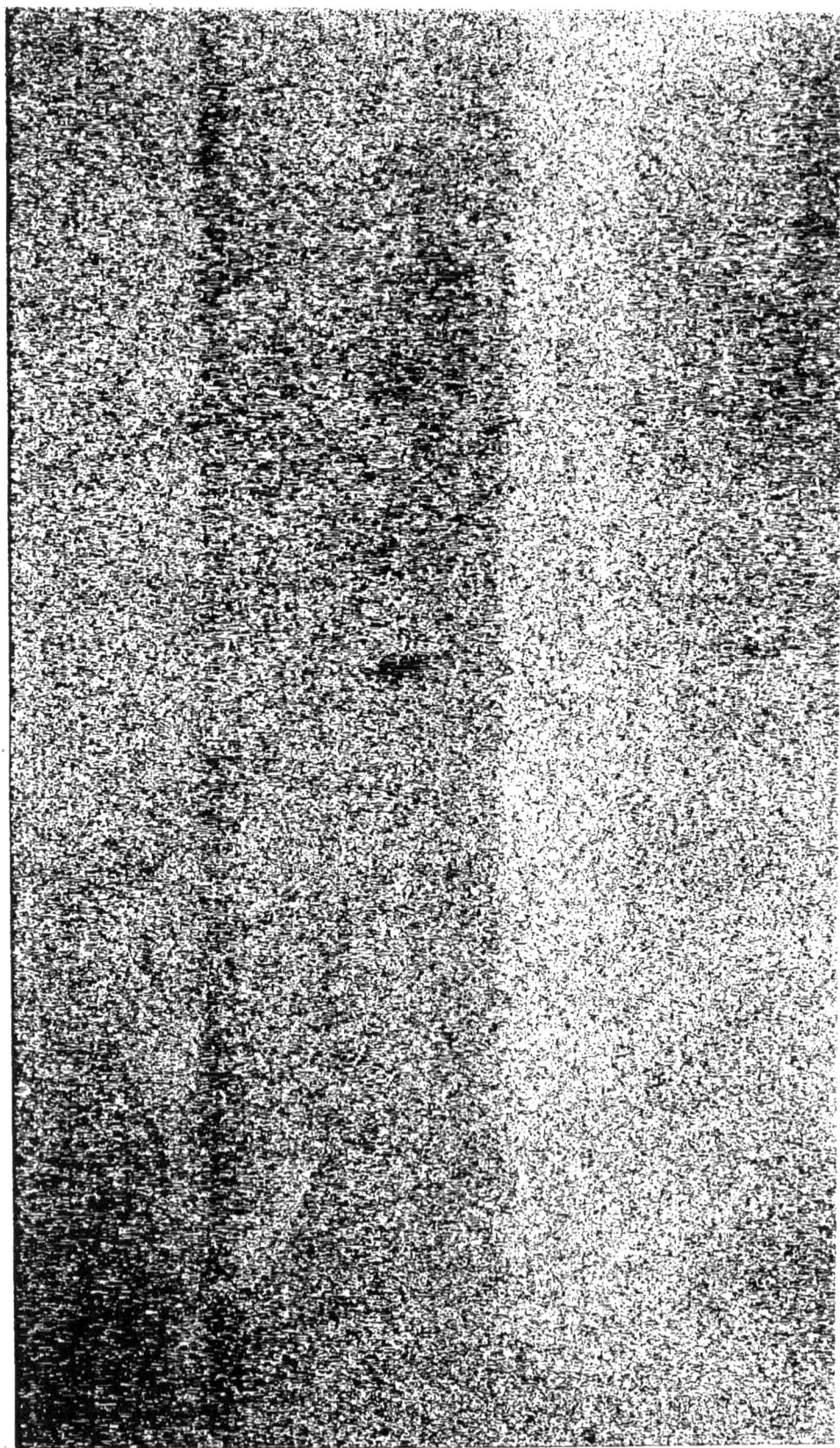

LE SIÉGE ET LE BLOCUS

DE BESANÇON

EN 1289 ET 1290.

Extrait des Mémoires de la Société d'Emulation du Doubs.

Séances des 17 décembre 1868 et 10 juillet 1865

LE SIÉGE ET LE BLOCUS

DE BESANÇON

PAR

RODOLPHE DE HABSBOURG ET JEAN DE CHALON - ARLAY

EN 1289 ET 1290

ÉTUDIÉS DANS LES TEXTES ET SUR LE TERRAIN

PAR

AUGUSTE CASTAN

BESANÇON

IMPRIMERIE DE DODIVERS, GRANDE-RUE, 42.

—

1869

LE SIÉGE ET LE BLOCUS

DE BESANÇON

PAR RODOLPHE DE HABSBOURG ET JEAN DE CHALON-ARLAY

EN 1289 ET 1290

ETUDIÉS DANS LES TEXTES ET SUR LE TERRAIN.

———

« Pacis ignara Burgundia. »
(FRIDERICI II, imp., regi Angliæ EPISTOLA,
3 jul. 1241, ap. HUILLARD-BREHOLLES,
HISTOR. DIPLOM., t. V, p. 1153.)

I

Durant les douze siècles qui s'écoulèrent entre l'asservisse-
ment des Gaules par Rome et le mouvement populaire qui
donna naissance aux communes, l'idée de patrie semble avoir
sommeillé dans notre belle France, si bien faite cependant
pour inspirer à une race le sentiment de son individualité.

La nationalité gauloise, savamment détruite par les com-
binaisons perfides des premiers Césars, ne pouvait renaître
qu'après une longue et laborieuse fusion des éléments dispa-
rates déposés sur le sol par les invasions et les conquêtes.
Mais ce travail, produit fatal de la suprême logique à laquelle
obéit notre globe, dut être fréquemment interrompu et consi-
dérablement retardé par la tyrannie d'institutions contraires
au génie de la race gauloise.

A la politique centralisatrice et absorbante de la métropole romaine, succéda brusquement le système aristocratique de la Germanie qui, dans les divisions territoriales, n'eut égard ni aux barrières posées par la nature ni aux convenances respectives des populations, et qui, ne distinguant pas le mot *gouvernement* du mot *propriété*, tailla et retailla notre sol de cent manières étranges.

Les règnes de Charlemagne et de Louis le Débonnaire ne furent qu'une trève entre deux périodes de cette confusion, mais une trève féconde qui restaura le prestige de l'unité administrative, et donna le temps aux diverses races de se recueillir et de retrouver quelques rudiments d'instinct collectif. Ces principes ne devaient plus se perdre, et l'anarchie féodale qui suivit essaya vainement de les étouffer.

Lorsque les petits-fils de Charlemagne se partagèrent l'Europe civilisée comme un domaine de famille, les morceaux ne furent point découpés d'une façon complètement arbitraire, et chacun des co-héritiers dut être placé à la tête de l'une des trois nationalités gallo-franque, teutonique et italienne. On sembla craindre toutefois, dans un intérêt d'équilibre, que le possesseur du territoire complet de l'ancienne Gaule n'acquît une trop grande prépondérance : aussi eut-on la malheureuse pensée de distraire de son lot une notable bande de terrain sur toute la longueur de la frontière orientale. Quatre fleuves servirent de ce côté à délimiter l'Etat gallo-franc : le Rhône, la Saône, la Meuse et l'Escaut. C'étaient de bien minces barrières contre l'envahissante Germanie, qui sut mettre à profit les circonstances pour se rendre maîtresse de cette zone intermédiaire, primitivement attribuée au monarque italien.

Regagner cette portion de territoire et rendre ainsi à la France ses limites naturelles, les Alpes, le Jura et le Rhin, tel fut bientôt le mot d'ordre politique d'une dynastie nouvelle, qui devint nationale en faisant alliance avec l'élément populaire pour contraindre les seigneurs à reconnaître la bannière royale comme le drapeau de la patrie.

Appuyés principalement sur les communes dont ils avaient favorisé l'émancipation, Louis VI, Louis VII, Philippe-Auguste et saint Louis étaient parvenus à discipliner leurs vassaux et à restreindre notablement les enclaves que l'étranger possédait sur la terre française. Tout cela s'était accompli presque uniquement par la force armée, dont les chefs composaient alors le conseil du monarque. Mais les gens de lettres ayant pris rang dans cette assemblée, un esprit nouveau s'y fit sentir, et il fut reconnu que les ressources de l'intelligence pouvaient quelquefois opérer plus sûrement les conquêtes que la valeur du bras. Ainsi naquit l'art de la diplomatie, souvent moins loyal que celui de la guerre, mais destiné à réduire aux cas extrêmes l'emploi de ce dernier. Philippe le Hardi en jeta les premières lignes, Philippe le Bel leur donna corps et tournure, et la Franche-Comté fut le champ d'essai des manœuvres de ces deux princes.

II

Entre toutes les fractions de cette lisière de terrain dont le traité de Verdun avait frustré la France, il n'en était pas une qui intéressât autant que la Franche-Comté la sécurité de la mère-patrie et la prépondérance de l'Allemagne dans les affaires d'Occident.

C'était de ce pays que le géographe Strabon avait pu dire : « Quand les Germains l'ont pour eux, ils sont forts vis-à-vis de l'Italie ; quand il leur manque, ils ne sont rien. »

De la Franche-Comté dépend, en effet, de fermer ou d'ouvrir cette porte ménagée par la nature entre le Jura et les Vosges, en deçà de laquelle se présentent trois vallées riches et commodes pour atteindre la grande artère du Rhône. Cet itinéraire a été de tout temps choisi par les envahisseurs.

Aucune contrée n'offre d'ailleurs, dans une moindre surface, la réunion de plus nombreuses ressources. Divisée diagonalement en trois zones bien distinctes, elle possède une juste proportion de plaines, de coteaux et de hautes montagnes. La première de ces régions abonde en prairies et en terres de labour, la seconde a des pentes merveilleusement disposées pour la culture de la vigne, la troisième fournit en quantité les bois de construction et de chauffage. Le sous-sol ne renferme pas des richesses moins importantes, car on y trouve pour ainsi dire à volonté le fer et le sel.

Ainsi dotée par la nature, la terre franc-comtoise pouvait se passer de ses voisines et constituer à elle seule une petite nationalité : c'est à ce titre qu'elle figurait au premier rang de la confédération gauloise. Elle avait alors ses frontières naturelles : les Vosges et les plateaux de Langres au nord, la Saône à l'ouest, le Rhône au sud, et à l'est le Jura ; elle avait aussi sa capitale naturelle, Vesontio, un type d'*oppidum,* assis dans une anse de rivière, adossé au premier gradin du Jura qui lui faisait une imprenable citadelle.

Dans l'organisation romaine de la Gaule, la Séquanie eut toute la valeur d'une place d'armes indispensable à la défense de l'Empire, et à mesure que celui-ci fut serré de plus près par les Barbares, notre province monta davantage dans l'ordre des faveurs que dispensait la métropole. Sa capitale reçut une colonie romaine, et plus tard, le péril devenant extrême, son territoire, accru d'un tiers de l'Alsace actuelle et de toute la portion de l'Helvétie qu'enveloppe le Rhin, constitua, sous le nom pompeux de *Maxima Sequanorum,* un gouvernement militaire d'une importance exceptionnelle.

Victime, l'une des premières, des invasions barbares, notre province fut dès lors hachée en une multitude de seigneuries, perpétuellement en guerre les unes contre les autres, rebelles à toute pensée d'intérêt public et ne s'inclinant que devant la loi du plus fort. En dehors des villes où quelques garanties traditionnelles entouraient les habitants, en dehors des terres d'Eglise où les sentiments d'humanité n'étaient pas absolument méconnus, il n'y eut bientôt pour les classes inférieures que servitude et abrutissement. La dépopulation suivit les progrès de la misère.

Tel fut, à quelques variantes près, le déplorable état de ce pays pendant la plus grande partie du moyen âge. C'est ainsi que, déchiqueté sans cesse par une aristocratie germaine qui en avait fait sa proie, le comté de Bourgogne appartint, plus souvent de nom que de fait, à divers Etats démembrés du royaume de Clovis, puis entra pour un temps trop court dans l'empire de Charlemagne, fut ensuite disputé par les débiles successeurs de ce grand prince, incorporé dans le second royaume de Bourgogne, légué par le dernier titulaire de ce royaume à la maison impériale de Franconie, ressaisi enfin par la maison de Souabe, dont le chef, Frédéric Barberousse, avait épousé la fille unique de notre comte Rainaud III.

Cette domination rendit quelques années de calme à la province; mais elle fut aussi le point de départ d'une hostilité profonde et persévérante de la branche cadette des anciens comtes de Bourgogne, se prétendant aux droits de Rainaud, contre la postérité de Barberousse et plus tard contre les ducs de Méranie qui, par un mariage, obtinrent le comté.

Jean de Chalon l'antique eut l'heureuse pensée de confondre les droits de la branche aînée et ceux de la branche cadette, en unissant Hugues son fils à l'héritière du dernier comte de la maison de Méranie. Mais cette combinaison n'empêcha point la rivalité de poursuivre son cours : Jean de Chalon, oubliant sous l'influence d'une seconde femme ses sentiments paternels, se ligua lui-même avec la noblesse du pays contre le comte Hugues, qui était son fils. Ce malheureux exemple ne devait être que trop bien suivi par les enfants de ses vieux jours, Jean de Chalon-Rochefort et Jean de Chalon-Arlay, à l'égard de leur neveu le comte Othon IV.

Rien n'était moins homogène que la portion de l'ancienne Séquanie qui, par le fait des vicissitudes politiques, avait pris rang dans les Etats impériaux ; rien n'était plus mal défini que les droits, sans cesse remis en question par les partages de famille, des nombreux seigneurs qui s'arrachaient les lambeaux de cet infortuné territoire.

Au nord-est était le comté de Montbéliard, relevant directement de l'Empire. Il comprenait jadis la seigneurie montagneuse de Ferrette, qu'un règlement de succession en avait isolé, comme aussi le pays de Porrentruy, que revendiquaient également les évêques de Bâle. Borné à la région ouverte entre Vosges et Jura et aux plaines arrosées par le cours supérieur du Doubs, il était encore la sentinelle avancée de la défense d'un pays dont il ne reconnaissait point le souverain.

Sur les pentes des Vosges, au nord, on rencontrait les terres des abbayes de Lure et de Luxeuil, dont les prélats, qui s'intitulaient princes de l'Empire, n'accordaient pas toujours au comte de Bourgogne le droit d'être leur gardien.

Plus bas, les gués de la Saône étaient d'une rive sous la suzeraineté de l'évêque de Langres.

En descendant le cours de ce même fleuve, on arrivait au vicomté d'Auxonne, lisière de vingt-cinq lieues de long sur six de large, avec dix bourgades murées, empiétement des ducs de Bourgogne sur la terre franc-comtoise.

Presque toute la région vinicole et salifère du sud-ouest appartenait à la maison de Chalon, qui ne laissait au comte de Bourgogne qu'un tiers du puits à muire de Salins, la principale source du commerce d'exportation que faisait la province.

La maison de Chalon, comme avouée de l'abbaye princière de Saint-Claude et du baroichage de Pontarlier; celles de Montfaucon et de Joux, comme gardiennes de l'abbaye du Mont-Sainte-Marie et du prieuré de Morteau, se partageaient l'imposante barrière des Juras qui délimitait le pays au sud et à l'est.

Au centre était Besançon, le boulevard militaire par excellence, dès longtemps isolé du reste de la province. Une commune s'y était constituée à la fin du douzième siècle; et, malgré les grondements lointains des foudres impériales, le flot populaire, secondé par l'aristocratie laïque, avait fini par restreindre aux pourpris des deux cathédrales le pouvoir, autrefois souverain, de l'archevêque et de ses chapitres. Les prélats s'étaient ruinés en soutenant cette lutte, et ils n'avaient pu empêcher les comtes de Bourgogne de prendre un pied dans la place, en devenant fréquemment les gardiens de la commune.

A l'exception de quelques centres où il était seigneur foncier, le comte de Bourgogne n'exerçait guère qu'un protectorat sur les villes du pays dont il avait les châteaux ; et encore pour plusieurs de ces forteresses, telles que celles de Vesoul et de Gray, était-il tenu à hommage envers l'archevêque de Besançon.

Les meilleurs terres du pays échappaient au comte comme biens d'Eglise : c'était ainsi que l'archevêque de Besançon possédait en propre les circonscriptions de Gy et de Mandeure, tandis que les chanoines métropolitains taillaient de grasses prébendes dans les vallées du Doubs et de l'Ognon.

Réduit aux revenus de ses seigneuries privées, sur lesquelles encore ses cadets prélevaient de notables apanages ; subordonné, quant à l'exercice de ses prérogatives gouvernementales, au bon ou mauvais vouloir d'une égoïste aristocratie qui occupait toutes les frontières du pays et en commandait, par de formidables repaires, tous les passages, le comte de Bourgogne devait nécessairement chercher au dehors le point d'appui d'une autorité que tous méconnaissaient au dedans.

Telle fut l'amorce du duel que se livrèrent, pour la possession de notre province, la diplomatie naissante, représentée par Philippe le Bel, et la stratégie des temps barbares dont Rodolphe de Habsbourg était l'une des plus pures incarnations.

III

Le 1er octobre 1273, les grands officiers de l'Empire, réunis à Francfort pour élire un chef, portèrent leurs suffrages sur celui des princes allemands qui, durant cette anarchie de dix-neuf années que l'histoire nomme le *grand interrègne*, avait le plus contribué à réprimer le brigandage, à purger les chemins, à mettre d'accord la loyauté avec les dures nécessités de la guerre. En ces temps calamiteux où les empereurs, absorbés par une lutte deux fois séculaire contre les prétentions rivales de la papauté, avaient abandonné tout souci d'administration et de police, Rodolphe de Habsbourg s'était donné le métier de redresseur de torts. Passionné pour la vie des camps, il y portait l'intrépidité du soldat, la décision du capitaine, la bonne foi du chevalier. Ainsi s'était-il fait une immense clientèle de toutes les bourgeoisies de la Suisse et de l'Alsace, dont la liberté récente avait besoin de protection. Il tirait de là d'excellentes milices volontaires, qui eurent toujours bon marché de celles que les seigneurs enrôlaient par la contrainte. Cette existence chevaleresque et nomade avait singulièrement trempé le caractère de Rodolphe : aussi les électeurs ne se méprirent-ils pas en le jugeant capable de restaurer l'ordre légal dans l'Empire (1).

En vaillant jouteur, le nouveau monarque débuta par la portion la plus scabreuse de son entreprise, celle qui consistait à subordonner Ottocar, roi de Bohême, lequel dominait sur toute l'Allemagne du sud. Deux expéditions vigoureuses, dirigées contre ce redoutable adversaire, mirent aux mains de Rodolphe les provinces autrichiennes, qu'il devait adjuger à deux de ses fils.

L'appétit de famille était dans le génie de la race germanique, et il n'y avait guère d'empereur qui n'eût profité de sa position de haut justicier pour confisquer quelque domaine au profit des siens. Rodolphe continua cette tradition. Deux de ses fils allant être apportionnés avec les dépouilles d'Ottocar (2), il conçut le projet de reconstituer en faveur de son

---

(1) Voyez Ch. GIRAUD, *L'Allemagne en 1273 et l'élection de Rodolphe de Habsbourg*, dans les *Séances et travaux de l'Académie des sciences morales et politiques*, t. LXXXIV (avril 1868), pp. 47-68.

(2) 1282, 27 décembre. — GERBERT, *Codex epistolaris Rudolfi I*, pp. 233-234.

enfant chéri, Hartmann, le royaume de Bourgogne, dont quelques bribes étaient dans son patrimoine (¹). Il s'agissait, pour ce faire, de réduire à l'obéissance les vassaux insoumis de l'Empire qui se partageaient la Suisse et cette bande de terrain que le traité de Verdun avait retranchée du territoire normal de la France.

Régnant déjà, comme protecteur ou comme maître, sur toute la Suisse allemande, Rodolphe devait refouler tout d'abord la maison de Savoie, qui, à la faveur des troubles de l'Empire, avait pris une position analogue à la sienne dans la partie romande de l'Helvétie, et dont le chef, Philippe, était devenu l'époux de la comtesse de Bourgogne. Mais la maison de Savoie se défendait par une importante alliance. Placée entre l'enclume de la France et le marteau de l'Empire, elle s'était donnée à l'Angleterre (²), dont la politique de chicane commençait à se formuler.

Rodolphe acheta l'Angleterre, en sollicitant pour son fils Hartmann la main d'une des filles du roi Edouard IV (³). Il y gagna de pouvoir battre à son aise le comte de Savoie et d'enlever à ce prince toutes les conquêtes que son frère, le *Petit Charlemagne*, avait faites sur les terres de l'Empire. Mais l'Angleterre, alors inspirée par la France, ne voulut en tolérer davantage : elle avait acquis un droit matériel d'intervenir dans le débat; car, à l'instigation de Philippe le Hardi et du comte de Savoie, le nouveau comte de Bourgogne, Othon IV, s'était reconnu vassal du roi Edouard pour la suzeraineté des passages par lesquels notre province communique avec la Suisse (⁴). Quelques jours avant cet acte, Hartmann s'était noyé accidentellement dans le Rhin (⁵) : dès

---

(¹) Engagement pris par Rodolphe (1278, 25 avril) de travailler dans ce sens au profit de son fils Hartmann (Rymer, *Fœdera*, t. II, part. 2, p. 554.)

(²) Rymer, *Fœdera*, t. II, part. 2, pp. 530, 556, 589, 641, 649, 660 et 661.

(³) 1276-1279. — Rymer, *Fœdera*, t. II, part. 2, pp. 536-568.

(⁴) 1282, janvier, Lyon. — Rymer, *Fœdera*, t. II, part. 2, p. 588.

(⁵) 1281, 20 décembre. — *Epistola anonymi ad Eduardum, Angliæ* lors l'Angleterre, n'ayant plus d'intérêt à ménager Rodolphe, rendit au comte de Savoie la plénitude de son protecto-rat (¹).

Le César germanique avait encore trop d'enfants à enrichir pour que la mort d'un fils arrêtât le cours de son ambitieux dessein. Limité d'un côté par l'influence anglaise, il lui serait aisé de trouver prétexte de s'avancer sur un autre point de l'ancien royaume de Bourgogne.

L'Etat de Montbéliard venait d'échoir par donation à l'un des frères du comte de Bourgogne, nommé Renaud (²); et ce prince, méconnaissant les traités de ses prédécesseurs avec les évêques de Bâle, avait occupé militairement le pays de Porrentruy. L'évêque de Bâle, créature de Rodolphe, invoqua l'assistance de l'Empire et fut immédiatement satisfait. Le comte de Montbéliard, enfermé dans Porrentruy, résista pendant six semaines aux troupes impériales, réunies à celles des évêques de Bâle et de Strasbourg (³); mais, obligé de se rendre, force lui fut de renoncer à toutes les prétentions territoriales qui avaient motivé son attaque (⁴).

Ce coup, porté à la fortune de son frère, accentua davantage la haine que le comte de Bourgogne Othon IV nourrissait dès longtemps contre la maison de Habsbourg. Ce sentiment, provoqué par Philippe de Savoie, son beau-père, était de longue main attisé et entretenu par la France. Les penchants naturels d'Othon IV le portaient d'ailleurs à incliner vers cette puissance, car il avait en lui toutes les qualités et tous

regem, de morte Hartmanni. (GERBERT, Crypta nova San-Blasiana, p. 115.) — Cf. TROUILLAT, Monuments de l'histoire de l'ancien évêché de Bâle, t. II, pp. 346-347.

(¹) Voir le traité de paix fait entre Rodolphe et Philippe de Savoie, en 1282, dans TROUILLAT, Monuments, t. II, p. 359-363.

(²) 1282, 15 mai. — TROUILLAT, Monuments, t. II, p. 351-354.

(³) 2 mars-16 avril 1283. — TROUILLAT, Monuments, t. II, p. 373. — Cf. QUIQUEREZ, Histoire des comtes de Ferrette, dans les Mémoires de la Société d'Emulation de Montbéliard, 2ᵉ série, t. I, p. 216.

(⁴) 1283, 17 avril. — TROUILLAT, Monuments, t. II, pp. 374-376.

les défauts de la race française. Brillant d'esprit, mais léger
de caractère, d'une vanité égale à sa bravoure, il adorait le
faste et aimait à s'étourdir dans les fêtes ([1]). Le séjour de Paris
était pour lui l'idéal de l'existence ([2]); et, déjà du vivant de la
comtesse sa mère, la cour du *Palais* lui prodiguait toutes ses
séductions ([3]). D'une générosité sans égale, Othon ne crut
pouvoir payer ces plaisirs d'un trop large retour. Ce fut ainsi
qu'en 1277, la commune de Besançon l'ayant reconnu pour
gardien ([4]), il ouvrit volontiers cette place aux émissaires du
roi Philippe le Hardi, qui parvinrent à y nouer des intrigues
dont s'alarma Rodolphe ([5]).

A partir de l'échec du comte de Montbéliard, Othon se livra

([1]) *Pièces justificatives,* nᵒˢ III, XVI, XVII et XVIII.

([2]) *Pièces justificatives,* nᵒˢ III, XI et XIV.

([3]) Acte passé par les frères Othon et Renaud de Bourgogne, à Paris,
au cloître Notre-Dame, en l'hôtel de Louis de Savoie, le 2 décembre
1271. (Guichenon, *Histoire généalogique de la maison de Savoie,* édit. de
1778, t. IV, p. 99.)

([4]) « Nos Othes, cuens palatins de Borgoigne et sires de Salins,.....
conossons et voirs est que no ... eimes... en nostre garde, en la présance
dou cominal de Besençon, ou vergier Perrenin Benoit, la quinzene de
Penthecoste, l'ant de l'Encarnacion Nostre Seignor mil dous cenz et
septante et sapt (29 mai 1277), la cité de Besençon et les genz de la dite
cité.... » (*Archives de la ville de Besançon.*) — Voyez en outre, dans
Chevalier, *Hist. de Poligny,* t. I, pp. 357-58, le traité d'assistance mu-
tuelle conclu entre le comte Othon et la commune, cette dernière s'en-
gageant à ne reconnaître, tant que ce prince vivra, d'autre gardien que
lui. Cet acte est forcément postérieur au 8 mars 1279, puisque Othon s'y
intitule *comte de Bourgogne;* c'est donc par erreur que Chevalier l'a
rapporté à l'année 1269 : en rétablissant un chiffre x évidemment omis
dans la formule de da'ation, nous obtenons une date qui correspond au
22 mars 1280, suivant le comput actuel, ce qui est d'accord avec les
vraisemblances.

([5]) « Rudolphus, Dei gratia Rom. rex,... universis civibus Bisontinis...
Sane quia, sicut ad culminis nostri pervenit notitiam, rex Francie, fer-
mento persuasionis sue, sinceritatem fidei vestre molitur corrumpere,
vos a fidei nostre et Imperii debito avertendo, et servitio sui secularis
dominii accrescendo, attentione qua possumus vos hortamur quatenus
a talibus persuasionibus auditum et animum avertatis....... Datum in
Aldemburg, vi idus aprilis, regni nostri anno quarto. (26 avril 1278.) » —
(J. J. Chiffletii *Vesontio,* I, pp. 229-230).

sans réserve à la France et devint un instrument docile de ses volontés. L'amour intervint pour serrer les nœuds de cette alliance : Othon, déjà veuf, rechercha la main de Mahaut d'Artois, la fille du vaillant comte Robert, au moment où ce fidèle vassal de la France entrait en campagne avec Charles d'Anjou, pour aller dans l'Italie méridionale venger l'attentat des *Vêpres siciliennes* (1283). Othon ne crut pouvoir moins faire que de courir avec son futur beau-père les risques de cette expédition (¹). A son retour, le Trésor royal fit les frais de la dot de Mahaut (²). Toujours magnifique, Othon riposta par un nouvel exploit. Il s'enrôla encore (1285) sous les bannières fleurdelisées et chevaucha, avec son frère Hugues et des troupes à sa solde, à la suite de Philippe le Hardi qui voulait châtier, dans ses propres Etats, le roi d'Aragon, fauteur du massacre des Français en Sicile (³). Ce que ces deux prouesses lui coûtèrent de monnaie est incalculable (⁴) :

(¹) Guill. de Nangiaco *Gesta Philippi III* et *Chronicon*, ap. *Scriptor. rer. francic.*, t. XX, pp. 522 et 568. — *Pièces justificatives*, nᵒˢ IV et IX. — Voyez, quant aux seigneurs qui accompagnèrent le comte de Bourgogne en Italie : Gollut, *Mémoires de la république séquanoise*, édit. de 1846, livre VII, ch. xxiii; Dunod, *Histoire du comté de Bourgogne*, t. II, p. 213.

(²) Par un acte du mois de janvier 1285, Othon reconnaît avoir reçu de Philippe, roi de France, qu'il appelle *nostre très chier seignor*, la somme de dix mille livres de bons tournois, pour le douaire de Mahaut, son épouse, envers laquelle il hypothèque la restitution de ladite somme, son décès arrivant, sur la moitié des revenus du comté de Bourgogne. (*Arch. du Doubs, ancienne Chambre des comptes*, B. 761.) — Cf. *Scriptor. rer. francic.*, t. XX, p. 528, t. XXI, p. 473.

(³) *Scriptor. rer. francic.*, t. XXII, pp. 481, 675 et 683. — A l'allée comme au retour de cette malheureuse expédition, les troupes du comte de Bourgogne, ainsi que leurs provisions, furent voiturées par eau : les soldats avaient été embarqués à Dole sur le Doubs, et les vivres à Gray sur la Saône. Parti de Dole vers la fin d'avril 1285, le comte de Bourgogne était de retour dans cette ville, avec les débris de sa petite armée, le 28 octobre suivant. (*Pièces justificatives*, nᵒˢ V, VII, VIII, X, XIII et XV.) — Voyez, quant aux événements militaires de cette campagne, Sismondi, *Histoire des Français*, t. VIII, pp. 360-374.

(⁴) *Pièces justificatives*, nᵒˢ V, VII, VIII, X, XII, XIII, XV et XIX.

dès lors les banquiers juifs et lombards, qui depuis longtemps
avaient la main dans ses affaires (¹), prirent hypothèque sur
son patrimoine (²) ; et la France, qui était sa caution, paya le
plus que possible à sa décharge (³), afin de hâter le moment
où elle pourrait l'exproprier. Cette opération devait être l'œuvre de Philippe le Bel (⁴), ce Sphynx du moyen âge, dont les
beaux yeux fascinaient, dont les menées occultes restaient des
énigmes, même pour les agents déliés qui en étaient les exécuteurs (⁵).

Autant la France avait souci de s'emparer d'Othon IV,
autant Rodolphe de Habsbourg s'étudiait à cajoler l'aristocratie
franc-comtoise, éternelle ennemie de son chef hiérarchique
le comte de Bourgogne. Cette aristocratie avait alors pour
principal inspirateur un tout jeune homme, qui était l'oncle
d'Othon IV beaucoup plus âgé que lui : c'était Jean de Chalon-
Arlay, héritier de la meilleure part des domaines de Jean
l'antique, également héritier de la haine traditionnelle de la
branche cadette des comtes de Bourgogne contre le représentant, quel qu'il fût, de la branche aînée. Jean de Chalon avait
épousé une fille de la maison ducale de Bourgogne : cette
raison détermina Rodolphe à contracter un second mariage
avec une princesse du même sang (⁶). Ayant ainsi le droit de

(¹) *Pièces justificatives*, nᵒˢ I et II.
(²) *Pièces justificatives*, nᵒˢ VI, VIII et XIII.
(³) *Pièces justificatives*, nᵒˢ XIV et XIX.
(⁴) Voyez notre *Notice sur Hugues de Besançon, évêque de Paris*, dans
les *Mémoires de la Soc. d'Emul. du Doubs*, 3ᵉ série, t. I, 1855.
(⁵) Voyez, sur le caractère et la politique de Philippe le Bel, le remar-
quable ouvrage de M. Edgar Boutaric, intitulé : *La France sous Philippe
le Bel*.
(⁶) Ce mariage fut célébré à Remiremont, le 6 février 1284, alors que
Rodolphe était âgé de soixante-quatre ans, tandis que la princesse Isabelle
de Bourgogne en avait à peine quatorze. (Ellenhardi *Chronicon; Annales
Colmarienses majores; Annales Sindelfingenses*, ap. Pertz, *Monumenta
Germaniæ, Scriptor.* t. XVII, pp. 127, 211, 303.)

se traiter de frères (¹), ces deux hommes devinrent indispen-
sables l'un à l'autre et ne se quittèrent plus.

Jean de Chalon aimait autant la vie des camps que son
neveu, le comte de Bourgogne, recherchait celle des cours.
Esclaves de deux politiques diamétralement opposées, leurs
loyers respectifs durent être en sens complètement inverses.
La royauté française, dominée par l'intérêt national, ne vit
dans le comte de Bourgogne qu'un instrument providentiel à
exploiter au profit de l'agrandissement de son territoire. Rodolphe, au contraire, qui ne poursuivait qu'un rêve d'ambition
personnelle, fut libre de faire quelques largesses à celui qui le
servait. Tandis que les agioteurs au service de la France
creusaient le labyrinthe de dettes dans lequel le comte de
Bourgogne marchait gaîment à sa ruine, Rodolphe obligeait
le jeune comte de Neuchâtel à reconnaître pour son suzerain
Jean de Chalon (²), puis concédait à cet ami fidèle un droit
de police et de péage sur les marchands qui de l'Allemagne
passaient par les terres d'Empire pour se rendre en Italie (³).

Cependant les agents de la France, ces rusés Italiens dont
Philippe le Bel sut tirer un si grand parti, couraient le comté
de Bourgogne, et, sous prétexte de négoce, y semaient l'or
avec parcimonie et les promesses à profusion. La ville de Besançon était le centre de leurs intrigues, et la commune qui
régissait cette place attendait beaucoup du puissant prince qui
était le patron du comte de Bourgogne, son gardien.

(¹) Dans les diplômes qui le concernent, Jean de Chalon est appelé
par Rodolphe *frater et fidelis noster dilectus.*

(²) 1288, 13 septembre. — CHEVALIER, *Histoire de Poligny*, t. I, pp. 371-
372 ; MATILE, *Monuments de l'histoire de Neuchâtel*, t. I, pp. 220-222 ;
BOYVE, *Annales historiques du comté de Neuchâtel*, t. I, pp. 245-248.

(³) 1288, 17 septembre. — GERBERT, *Codex epistolari Rudolphi I*, p. 250 ;
CHEVALIER, *Hist. de Poligny*, t. I, pp. 372-373. — Trois ans plus tard
(29 mai 1291), deux nouvelles gracieusetés impériales achevèrent de
récompenser les services de Jean de Chalon : ce fut d'une part l'auto-
risation de battre monnaie, puis la concession à titre perpétuel de la
fructueuse avouerie de l'abbaye de Saint-Claude (GERBERT, *Codex*,
pp. 252-253 ; CHEVALIER, t. I, pp. 374-376.)

Le feu couvait sous cette cendre de menées ténébreuses : il
ne fallait qu'un souffle pour allumer l'incendie. Ce souffle
vint encore du pays de Montbéliard. Le comte Renaud, profitant d'un changement d'évêque survenu dans l'église de
Bâle, envahit une seconde fois le Porrentruy (1287) : aidé
du comte de Ferrette, il battit les troupes épiscopales et leur
enleva une douzaine de notables prisonniers. Le prélat voulut
prendre sa revanche (1288) : il appela à son aide le comte de
Fribourg, la noblesse du Brisgau, la vaillante bourgeoisie de
Bâle, et leva le plus d'hommes que possible dans ses Etats.
Son armée, trois fois plus nombreuse que celle de ses adver-
saires, entra dans les terres de Montbéliard et y fit de grands
ravages. Tout allait au gré de la rancune de l'évêque, lors-
qu'au moment de livrer combat, le comte de Fribourg et les
siens tournèrent bride à première vue de l'ennemi : les Bâlois,
restés seuls, furent mis en déroute, et laissèrent le quart des
leurs tant sur le champ de bataille qu'aux mains de Renaud
et de son allié. Cinquante des plus riches citoyens de Bâle
allèrent rejoindre les prisonniers faits dans la précédente
expédition. Renaud exigeait pour les rendre des rançons
énormes : l'évêque, ne pouvant payer, alla crier vengeance
auprès du chef de l'Empire ([1]).

Rodolphe de Habsbourg était alors occupé à dissoudre une
ligue de l'évêque de Coire et de l'abbé de Saint-Gall ([2]). Il se
hâta de terminer cette petite affaire, et se rendit à Bâle pour
former une armée. Jean de Chalon et les deux frères de Montfaucon, Jean et Gauthier, furent des premiers à se ranger
sous l'étendard impérial : avec eux Rodolphe était maître des
deux versants de la chaîne du Jura, et pouvait tirer des milices d'un grand nombre de seigneuries franc-comtoises ([3]).

([1]) ELLENHARDI *Chronicon*, ap. PERTZ, *Monumenta Germaniæ historica,*
Scriptorum t. XVII, p. 128.

([2]) ELLENHARDI *Chronicon*, ap. PERTZ, *Monumenta Germaniæ, Scriptor.*
t. XVII, pp. 127-128.

([3]) F. DE GINGINS-LA-SARRA, *Recherches historiques sur les sires de*

La haute Alsace, dont Rodolphe était landgrave, fut également mise à contribution (¹). L'évêque et la commune de
Bâle, gravement intéresssés dans l'affaire, ne durent pas être
les derniers à fournir leur contingent. L'évêque de Strasbourg
amena 300 cavaliers et cent chariots de munitions (²). La
noblesse de cette ville envoya quarante chevaliers montés et
suivis de leurs sergents (³). Enfin les trois cantons libres de la
Suisse, qui commençaient à battre monnaie en prêtant des
soldats, envoyèrent à Rodolphe douze cents de ces vigoureux
montagnards dont l'intrépidité, la discipline et la souplesse
devaient faire prendre en dédain les parades de la chevalerie
féodale (⁴).

Ainsi recrutée, l'armée impériale comprenait, outre un
effectif considérable de gens de pied, 6,000 cavaliers, entre
lesquels 2,300 étaient armés de toute pièce (⁵). Elle s'ébranla
le 21 juillet 1289 (⁶), et employa trois semaines à ravager tout
le pays qui s'étend entre Porrentruy et Montbéliard (⁷).

Cependant le comte Renaud et le comte Thiébaud de Ferrette, enfermés dans le château de Montbéliard, envoyaient
courrier sur courrier au comte de Bourgogne, et celui-ci
s'efforçait de démontrer au roi de France que le moment était
venu pour lui de se saisir de la province (⁸). Mais Philippe le
Bel était un de ces tempéraments froids, un de ces génies

Montfaucon, chap. IV, dans les *Mémoires et documents publiés par la
Société d'histoire de la Suisse romande*, t. XIV.

(¹) *Pièce justificative* nº XXIV.

(²) *Pièce justificative* nº XXVI.

(³) *Pièce justificative* nº XXIV.

(⁴) *Pièce justificative* nº XXV.

(⁵) Le chiffre de 100,000 fantassins, donné par les chroniqueurs allemands, est évidemment exagéré : ceux qui le ramènent à 20,000
hommes nous paraissent être dans le vrai. (Voyez DUVERNOY, *Ephémé-
rides du comté de Montbéliard*, p. 265; QUIQUEREZ, *Histoire des comtes
de Ferrette*, dans les *Mém. de la Soc. d'Emul. de Montbéliard*, 2ᵉ série,
t. I, p. 218.)

(⁶) *Pièce justificative* nº XXIV.

(⁷) *Pièce justificative* nº XXVI.

(⁸) *Pièce justificative* nº XXIII.

taciturnes qui ne précipitent rien et sont moins aptes à diriger les événements qu'à en escompter les suites. Othon ne tira de ce prince qu'une promesse de secours pour le cas où l'invasion de Rodolphe dépasserait certaines limites.

Plein de cette confiance qui est le propre des natures imaginatives et candides, Othon avait déclaré ouvertement la guerre à Rodolphe, s'était allié contre lui avec le comte de Ferrette et avait invité la noblesse franc-comtoise à entrer dans cette ligue (¹). L'un de ses frères, Hugues de Bourgogne, se multiplie pour lui chercher des adhérents (²). Les maisons de Neuchâtel-en-Montagne, de Rougemont et de Faucogney, hostiles à la famille des Chalon, se mettront de la partie (³). Thiébaud de Faucogney, abbé de Luxeuil, amènera ses hommes (⁴). Quelques seigneurs allemands, antiques rivaux des Habsbourg, viendront se joindre à la ligue (⁵). Le comte d'Artois, père de la comtesse de Bourgogne, accourra du fond de la Sicile pour épauler son gendre (⁶). La commune de Besançon fera tête à l'orage (⁷); les chapitres et abbayes qu'abritent ses murailles prêteront quelque argent aux confédérés (⁸). Quant à l'archevêque, ruiné déjà et n'ayant à

(¹) *Pièce justificative* n⁰ XX.

(²) Le rôle actif de Hugues de Bourgogne est attesté : 1⁰ par l'engagement personnel que prit ce seigneur, le 22 juillet 1289, de marcher contre le comte Othon IV, son frère, dans le cas où il manquerait à son traité avec le comte de Ferrette (*Arch. de l'Empire, Trésor des chartes,* J. 254, n⁰ 12); 2⁰ par la restitution que le même Hugues ordonna, dans une clause de son testament (juin 1312), « pour les draps qu'il prit pour la guerre du roi d'Alemaigne. » (CHEVALIER, *Hist. de Poligny,* t. I, p. 400.) — Voyez aussi notre *Notice sur l'évêque de Paris Hugues de Besançon,* dans les *Mémoires de la Société d'Emulation du Doubs,* 4ᵉ série, t. I, 1865, pp. 250 et suiv.

(³) *Pièces justificatives,* n⁰ˢ XX, XXI, XXIV et XXIX.

(⁴) *Pièce justificative* n⁰ XXII.

(⁵) *Pièce justificative* n⁰ XXIV.

(⁶) *Id.* ibid.

(⁷) *Pièces justificatives,* n⁰ˢ XXIII, XXIV, XXV et XXVII.

(⁸) Quittance donnée par Thiébaud de Rougemont, au nom du comte de Bourgogne, de la somme de deux cents livres accordées à ce prince, pour l'aider contre le roi d'Allemagne, par le chapitre métropolitain de

attendre de toute part qu'un complément de misère, il ne pourra que gémir et prier.

Le rendez-vous de l'armée franc-comtoise est indiqué dans les prairies de l'abbaye de Bellevaux (¹), en arrière du cours de l'Ognon et en face des sommets boisés dont la crête délimite au nord le territoire de Besançon.

Tandis que le comte de Bourgogne y reçoit les contingents de ses alliés (²), et que ces troupes se retranchent, Rodolphe enlève la position de Montbéliard (³), sans parvenir néanmoins à empêcher ses défenseurs, les comtes de Montbéliard et de Ferrette, de gagner la campagne pour se replier sur le camp de Bellevaux.

L'armée impériale avait dès lors le chemin libre jusqu'à Besançon : Rodolphe en profita pour venir frapper un grand coup sur cette place, qui était le quartier général des intrigues du roi de France.

L'empereur, avec le gros des troupes, suivit la vallée du Doubs, pillant et brûlant tout ce qui se trouvait à sa portée (⁴). Jean de Montfaucon, à la tête de la cavalerie, marcha parallèlement sur le premier gradin de nos montagnes, levant partout des contributions de fourrage et d'avoine, et n'épargnant pas même les gens d'Eglise (⁵). Les deux corps se rejoignirent en vue de Besançon (22 août).

Rodolphe installa son armée à l'est de la ville, au pied d'un

---

Besançon. — 6 août 1289. *(Archives du Doubs, Inventaire du chapitre métropolitain.)* — Autre quittance relative à un don de cent livres fait, pour le même motif, par l'abbé de Saint-Paul. *(Pièce justific. nº XXI.*

(¹) *Pièces justificatives*, nᵒˢ XXII et XXIX.

(²) *Id.* ibid.

(³) *Pièce justificative* nº XXVI.

(⁴) *Pièces justificatives*, nᵒˢ XXIV, XXVI et XXX.

(⁵) « Item volo et mando quod cuilibet curato de Varasco a quibus injuste habui avenam, tempore quo rex Allemanicus obsedit civitatem Bisuntinam, prout inventum fuerit, fiat satisfactio plenaria. » *(Testament de Jean de Montfaucon*, 30 mars 1305. — RICHARD, *Histoire de l'abbaye de la Grâce-Dieu*, p. 270.)

contrefort de Bregille, alors couronné par un château des archevêques auquel, de nos jours, a succédé le fortin de Beauregard (¹). C'était là déjà qu'au commencement du cinquième siècle, le farouche roi des Vandales, Crocus, était venu se poster pour menacer la ville. De cette circonstance le mamelon avait été surnommé *mons Wandalorum*, locution qui, dans le langage populaire, était devenue *mont Mandelier* (²). Ce dernier vocable est encore affecté au canton de vignes qui couvre l'un des flancs du monticule.

IV

La ville de Besançon occupait alors le même espace que celui qu'elle comprend aujourd'hui. Sa citadelle, qui avait peu à redouter des armes de jet du moyen âge, était munie d'un simple mur bastionné, régnant sur l'isthme étranglé de la presqu'ile que délimite le grand contour du Doubs. Cette barrière naturelle était elle-même doublée de murailles continues. La partie nord de la ville, étagée sur les pentes dont Charmont est le point culminant, avait pour enveloppe une ligne de fortifications que la commune ne cessait d'accroître (³).

(¹) *Pièce justificative* n° XXVII.

(²) « (Crocus) urbem denique diutina vallans obsidione, cum nulla posset invicta mœnia civesque animosos calliditatis arte superare, oppidum super unum montium, haud longe circumfluentis amnis a margine situm, ad prohibendum ingressum vel secessum civium (qui nunc usque *Wandalorum mons* ab incolis nuncupatur), condidit. » *(Vita et passio S. Antidii, Bisunt. archiep.*, ap. *Acta SS.*, junii t. V, p. 46.) — « Murus de *monte Mandelier*. » *(Compte de l'archevêque de Besançon Guillaume II*, en date du 5 avril 1256, dans les *Documents inédits sur l'histoire de la Franche-Comté*, t. II, p. 343.)

(³) Voyez D. BERTHOD, *Dissertation sur les différentes positions de Besançon*, dans les *Documents inédits sur l'histoire de la Franche-Comté*, t. II, pp. 229-343. — Cf. le plan joint à notre étude sur le *Capitole de Vesontio*, dans les *Mémoires de la Société d'Emulation du Doubs*, 4ᵉ série, t. IV, 1868.

Douze mille habitants environ peuplaient cette surface [1] qui en loge aujourd'hui plus de quarante mille : aussi de larges morceaux étaient-ils livrés à la culture [2].

Depuis que les efforts réunis de l'aristocratie franc-comtoise et de la commune avaient brisé le sceptre temporel des archevêques, l'Eglise ne dominait plus que sur quelques terrains attenant à ses basiliques. Tout le reste obéissait à un conseil de douze prud'hommes, annuellement élus en plein air par l'universalité des citoyens [3]. En cas de péril, la commune déléguait à l'un des siens les fonctions de *pardessus* ou capitaine [4], ce qui portait à treize le nombre des membres du conseil ; en outre un puissant seigneur de la province recevait pour un temps limité le titre de gardien de la cité [5].

Toutes les montagnes qui font cirque autour de la ville, et

---

[1] Cette évaluation est basée sur un rôle des contribuables dressé par la commune en 1291 *(Registre municipal* I, fol. LII et suiv.) Les chefs de famille seuls sont portés sur cette liste, et leur nombre s'élève, pour les sept bannières, à 2,468. Multipliant ce chiffre par 3 1/2, moyenne du nombre d'individus que comporte un ménage, on arrive à 8,638 habitants. A quoi il faut ajouter les ecclésiastiques, alors en très grand nombre, leurs serviteurs, puis la population des quartiers qui, à titre de terre d'Eglise, n'étaient pas dénombrés par la commune : la rue et le clos Saint-Paul, le quartier du Chapitre, les rampes et le plateau de la citadelle, alors passablement garnis de demeures, composaient cette catégorie d'exception. Nous ne croyons pas tenir un compte exagéré de ces suppléments, en leur accordant un chiffre approximatif de 3,500 habitants.

[2] Voyez le plan gravé de Besançon qui forme l'une des planches du *Vesontio* de J. J. CHIFFLET.

[3] « Duodecim ex seipsis, quos *probos homines* nominant, deputarunt..... » *(Bulla Alexandri IV, papæ, 29 jan. 1259, communitati civit. Bis. contraria,* ap. *Cartular. archiep. Bisunt.)* — Voyez, pour les siècles suivants, notre exposé des *Variations du régime municipal à Besançon,* dans les *Mémoires de la Société d'Emulation du Doubs,* 4ᵉ série, t. II, 1866, pp. 151-157.

[4] « L'ant qui corroit par M. CC. et IIII XX et neuf anz, le mecredi après la Chandelousse (8 février 1290)... fui establiz Amiez de Chois à *pardesuis* de ces de Besençon..... » — « Amiet de Chois, *capitains* de Besençon. » (6 septembre 1290.) — *(Archives de la ville de Besançon.)*

[5] J. J. CHIFFLET, *Vesontio,* pp. 219 et seq.

dominent si malencontreusement le rocher de la citadelle,
avaient les bonnes parties de leurs pentes aménagées en vignes;
et le produit de cette exploitation était l'objet du seul commerce
qui amenât de l'argent dans la cité.

Si Rodolphe, en commençant sa campagne, eût prévu qu'il
rencontrerait une position militaire de cette importance, son
gros matériel de guerre l'aurait suivi. C'eût été pour lui le cas
de renouveler l'heureuse expérience qu'il avait faite des ponts
de bateaux (¹) : portée ainsi sur la rive gauche du Doubs, son
infanterie eût aisément pénétré dans la place par escalade.
Mais ses équipages étaient dépourvus d'engins. Nos prud'-
hommes ne l'ignoraient pas, car ils affectèrent de laisser
ouvertes les portes de la ville pendant tout le séjour de l'armée
impériale (²).

Un coup de main n'étant pas possible, il fallut se rabattre
sur un dommage qui pût amener les assiégés à composition :
dans ce but, Rodolphe donna l'ordre à ses soldats d'arracher
les vignes qui les environnaient (³).

Cette opération venait de s'accomplir, lorsque l'armée franc-
comtoise, sortie du camp de Bellevaux, tourna le mont de
Bregille et vint s'embosser dans la vallée du Doubs, à mille
mètres en amont des quartiers de Rodolphe (⁴).

Sur un palier aussi étroit, un engagement offrait mille
dangers, celui entre autres, pour le vaincu, d'avoir la plus
grande partie des siens jeté dans la rivière.

Peu soucieux de s'exposer à ce péril, Rodolphe abandonna
la vallée et fit monter ses troupes au sommet de Bregille, poste
excellent pour voir tout ce qui se passait dans la place. Les

---

(¹) A Bâle, pour franchir le Rhin, en 1273.

(²) *Pièce justificative* n° XXVII.

(³) *Pièces justificatives*, n°ˢ XXIV et XXVII. — La lettre de l'abbé
de Citeaux, dont nous donnons le texte dans nos *Pièces justificatives*
(n° XXX), évalue à 30,000 livres tournois le dommage causé par cette
dévastation.

(⁴) *Pièces justificatives*, n°ˢ XXIV et XXV.

alliés conservèrent leurs positions des *Prés-de-Vaux* et s'y retranchèrent (¹).

Les deux armées s'observaient mutuellement, celle d'en haut méditant une descente sur l'adversaire, celle d'en bas attendant pour manœuvrer le renfort qu'avait promis le roi de France (²). Mais Philippe le Bel n'était pas aussi rapide dans ses décisions que le comte de Bourgogne était prompt à concevoir une espérance. Il n'arriva de ce côté qu'une ambassade qui se rendit au mont de Bregille et, de par le roi de France, somma Rodolphe d'avoir à décamper. « Qu'il vienne, répliqua l'empereur, nous l'attendons ici de pied ferme, et nous le recevrons de telle sorte qu'il verra bien que nous sommes ici pour accomplir un devoir militaire et non pour nous livrer aux plaisirs (³) ! »

En effet, rien n'était moins réjouissant que la situation des soldats de Rodolphe. L'année 1289 était exceptionnellement pluvieuse (⁴) ; et, pour des troupes aussi mal équipées, un tel contretemps devait être désastreux. A cela se joignait la pénurie des vivres (⁵), d'autant plus inquiétante que le pays environnant n'était, pour ainsi dire, que bois et culture. Dans la portion de banlieue qu'occupait Rodolphe, on ne trouvait alors, en fait d'habitations, que le petit hameau de Bregille, domaine des archevêques, et l'abbaye cistercienne des Dames de Battant : pour une armée comme celle de l'empereur, c'était à peine deux bouchées. Les villages les plus voisins relevaient de la seigneurie de Montfaucon ; et leur seigneur, qui était l'un des lieutenants de Rodolphe, eut sans doute le crédit de les faire respecter. Les confédérés gardaient d'ailleurs les

---

(¹) *Pièces justificatives*, nᵒˢ XXIV et XXV.
(²) *Pièces justificatives*, nᵒˢ XXIII et XXV.
(³) Gerardi DE Roo *Annales Habspurgicæ* (OEniponti, 1592), p. 43.
(⁴) Nous en trouvons la preuve dans ce fait que les vins de 1289 furent abondants, mais de mauvaise qualité. *(Chroniques*, dans le *Recueil des historiens de France*, t. XXI, p. 138, t. XXII, p. 85.)
(⁵) *Pièces justificatives*, nᵒˢ XXIV et XXV.

chemins et empêchaient tout ravitaillement à longue distance (¹).

Rodolphe avait le don de l'à-propos, et il en usa deux fois dans ces circonstances difficiles. Devant ceux qui lui montraient leurs habits en lambeaux, il tira de sa poche une aiguille et du fil, et se mit en devoir de rapiécer lui-même les manches de son pourpoint : ce jour-là toute l'armée s'occupa de couture. Une autre fois, on vit le monarque arracher une rave et la manger toute crue : les soldats, jaloux d'imiter la sobriété de leur chef, ne laissèrent pas une rave dans les champs de Bregille (²).

L'effet moral de ces incidents ne pouvait balancer longtemps les tortures de la faim : toute l'armée murmurait, voulant à n'importe quel prix sortir d'une situation insoutenable. Rodolphe venait de décider en conseil de guerre qu'un engagement aurait lieu le lendemain matin ; « car, avait-il dit, si nous sommes vainqueurs, les vivres de l'ennemi seront à nous, et si nous sommes battus, les nobles confédérés auront la générosité de nourrir ceux des nôtres qu'ils feront prisonniers (³). » La nuit tombait, et la résolution impériale volait de bouche en bouche.

Les Suisses prirent sur eux de devancer le signal. Profitant à la fois de l'obscurité du ciel et de leur habitude de fréquenter les montagnes, ils se cachèrent, à l'insu des deux armées, dans un glissoir naturel, appelé les *Chenaux-Saint-Paul* (⁴), qui du sommet de Bregille plonge dans les *Prés-de-Vaux*. Le quartier du comte de Ferrette, l'un des confédérés, était presque dans l'axe de cette cassure. Les Suisses s'y jetèrent à

(¹) *Pièce justificative* n° XXV.

(²) *Id*. ibid.

(³) *Id*. ibid.

(⁴) Notre manière d'ortographier ce lieu dit est justifiée par le passage suivant d'une charte du mois d'avril 1255 : « Vineam apud Bisuntium, in territorio quod dicitur *Canalis Sancti-Pauli*. » (*Archives du Doubs, fonds Saint-Paul.*)

l'improviste, frappant en aveugles sur les hommes, mais ayant
soin de ménager les bagages pour en faire leur proie. Une
clameur immense remplit la vallée. Rodolphe n'en connut la
cause que quand il vit ses braves Suisses revenir à lui chargés
de butin (¹).

Cette sortie nocturne produisit, dans l'armée franc-comtoise,
une émotion mêlée de terreur. Les chefs confédérés tinrent
immédiatement conseil. Quelques-uns parlaient de fermer,
par un ouvrage, le débouché du couloir, afin d'empêcher une
nouvelle descente. A quoi un seigneur alsacien, qui avait
appris la guerre sous Rodolphe, répondit en ces termes : « Je
connais l'opiniâtreté de l'empereur ; quand il devrait marcher
à quatre, il nous envahira. » Ce propos acheva de troubler les
esprits, et l'on résolut tout d'une voix que, dès le lendemain,
on parlementerait avec Rodolphe (²).

Ainsi fut-il fait ; et l'empereur, qui ne demandait qu'un
prétexte honorable pour en finir, accueillit volontiers les ou-
vertures de l'ennemi. Jean de Chalon, beau frère de Rodolphe
et oncle du comte de Bourgogne, fut naturellement choisi
comme entremetteur (³). On convint d'abord que les prisonniers bâlois, qui avaient été l'occasion de la guerre, seraient
rendus sans rançon par les comtes de Montbéliard et de Ferrette (⁴). Ce préliminaire souscrit, le comte de Bourgogne se
rendit au camp de Bregille. Rodolphe, en vrai chevalier,
lui donna le choix entre trois moyens de terminer la querelle :
ou dissoudre son armée et en renvoyer les soldats dans leurs
pays respectifs, ou livrer bataille en rase campagne, ou bien
enfin s'en rapporter à la générosité de l'empereur. Ce dernier
parti fut adopté (⁵).

Le jour même (29 août), les deux armées décampèrent pour

(¹) *Pièce justificative* nᵒ XXV.
(²) *Id.* ibid.
(³) *Pièce justificative* nᵒ XXIV.
(⁴) *Pièce justificative* nᵒ XXV.
(⁵) *Pièce justifica*'ive nᵒ XXIV.

gagner le gras pays de l'Ognon et s'y rassasier à leur aise (¹).
Rodolphe partagea le séjour de Bellevaux avec les confédérés,
et, le 4 septembre, avant d'en partir (²), il octroya au comte
de Bourgogne son pardon en échange d'un hommage (³). Cette
soumission devait être renouvelée dans la prochaine diète que
l'empereur tiendrait à Bâle (⁴).

V

Comme contrôle du récit que l'on vient de lire, il m'a paru
intéressant de rechercher, à six siècles de distance des événements, les traces que le sol devait en conserver. Guidé par le
fil des témoignages contemporains, j'ai eu la satisfaction de
repérer ces vestiges, qui désormais auront un sens.

Au débouché du vallon qu'occupe l'abbaye de Bellevaux,
dans une situation qui répond exactement au *prope cœnobium
Bellevallis* des chartes, on trouve une pièce de prairie, en forme
de trapèze, délimitée sur deux faces par la rivière de l'Ognon
et son affluent le ruisseau des Granges, et sur les deux autres
faces par un fossé creusé de main d'hommes. Cet espace
mesure 4,550 mètres carrés, c'est-à-dire ce qu'il fallait pour
remiser les chariots et bagages d'une nombreuse armée : à
cette époque on s'inquiétait peu du logement des soldats.
Les fossés, conservés pour assainir la prairie, sont curés de
temps à autre ; et chaque fois que cette opération a lieu, elle
met en évidence une quantité de ferraille, consistant principalement en fers de chevaux analogues à ceux qui sortent
des ruines féodales.

Sur les *Prés-de-Vaux* de Besançon, un peu en aval de la

(¹) *Pièce justificative* n° XXVII.

(²) Trois jours après (7 septembre), l'empereur, en route pour l'Alsace,
campait à l'Isle-sur-le-Doubs. (BŒHMER, *Regesta Imperii.)*

(³) *Pièce justificative* n° XXVIII.

(⁴) GERBERT, *Codex epistolaris*, p. 251. — CHEVALIER, *Hist. de Poligny*,
t. I, p. 373.

combe inclinée qui se nomme *Chenaux-Saint-Paul*, existe l'empreinte d'un camp rectangulaire, compris entre le pied du mont de Bregille et la rive du Doubs. Deux des côtés de ce retranchement sont encore très nets : le plus grand, qui longe la rivière, se suit sur une longueur de 150 mètres, et le fond de son fossé est à deux mètres au-dessous de la crête du parapet ; le plus petit côté mesure environ 70 mètres. Nul doute que ce ne soit là le quartier du comte de Ferrette, qui fut bousculé par les Suisses dans la soirée du 28 août 1289.

Sur le mont de Bregille, en arrière des glacis du fort actuel et à l'entrée du bois de la ville de Besançon, c'est-à-dire dans la partie la moins exposée de ce sommet, on rencontre un muraillement carré de 20 mètres de face, dont les talus, surmontés de quelques assises d'énormes pierres sèches, plongent dans des fossés qui résultent de l'extirpation des blocs. Cet ouvrage, que les plus anciens plans de la ville signalent, ne saurait être pris pour un fortin, car, dans les conditions de son assiette, il n'eût absolument rien défendu. Tout indique au contraire qu'il a été la base d'un barraquement ; et, l'armée de Rodolphe ayant occupé la hauteur de Bregille, l'idée d'y voir la tente impériale vient aussitôt à l'esprit.

A l'usage des promeneurs qui, rencontrant cette bicoque, voudraient évoquer le souvenir du puissant monarque qui pacifia l'Allemagne et arracha les vignes de nos aïeux, j'esquisserai le portrait physique de Rodolphe de Habsbourg.

Quand il vint assiéger notre ville, il avait soixante et onze ans : il était très maigre et haut de près de sept pieds ; il avait la tête petite et chauve, le visage long, grave et pâle, un grand nez aquilin et tordu. Sur son armure, qu'il ne quittait guère, il portait une ample redingote grise, le premier vêtement de cette couleur qui ait été noté dans l'histoire [1].

---

[1] « Comes Rudolfus de Habisburch natus est de progenie ducis Zeringie, anno 1218....., kalendas maii..... Erat hic vir longus corpore, habens in longitudine pedes VII, minus duobus digitis, gracilis, parvum habens caput, pallidam faciem atque longum nasum, paucos habebat

VI

Les confédérés étaient soumis, mais non la ville de Besançon qui, à l'abri de ses solides murailles, allait continuer, s'il
n'y était mis bon ordre, à servir en Franche-Comté les pro-
jets d'annexion de Philippe-le-Bel. Cette place de guerre
restant à la discrétion de la France, le but de l'expédition de
Rodolphe n'était pas atteint ; car une perte matérielle, comme
celle qui résultait de l'arrachement de leurs vignes, ne
pouvait qu'exaspérer les Bisontins, sans leur retirer aucun
moyen de contrecarrer la suzeraineté germanique. L'armée
impériale aurait-elle supporté pour si peu les fatigues d'un
siége ? Rodolphe jugea qu'il y avait mieux à obtenir.

La commune de Besançon, maîtresse de la place de guerre,
existait de fait et nullement de droit : les empereurs et les
papes l'avaient à l'envi frappé d'anathème (¹), et ses allures
insurrectionnelles tenaient essentiellement à cette singulière
situation. Moins imbu de préjugés que ses prédécesseurs,
parce qu'il avait plus respiré la poussière des camps que les
miasmes des cours, Rodolphe n'était pas ennemi des libertés
municipales ; il s'en déclarait même volontiers le protecteur,
à la condition que ceux qui en usaient lui rendraient à l'occasion des services. Telles étaient également ses vues à l'en-

---

crines, extremitates vero habebat parvulas atque longas.... » *(Chronicon
Colmariense*, ap. PERTZ, *Monumenta Germaniæ, Scriptor.* t. XVII.) —
« Hic (Rudolfus) fuit..... proceræ staturæ, torto naso, vultum habens
gravem, cujus gravitas virtutem animi prædesignabat. » (WOLCMARI
Gesta, ap. OEFEL, *Boic. script.*, t. II, p. 529.) — « Tunc rex (Rudolfus)
dixit : Rex Bohemiæ griseam vestem meam sæpius dirisit, nunc autem
ipsum mea vestis grisea ridebit. » *(Chronic. Colmar.)*

(¹) *Sententiæ Friderici II, imp., et Henrici, Roman. regis, contra cives
Bisunt.*, 1224-1225, ap. HUILLARD-BRÉHOLLES, *Historia diplom. Frederici II,*
t. II, pp. 487-489, 817-819, 855-856. — *Bulla Alexandri III contra cives
Bisunt.*, Anagniæ, 29 jan. 1259, ap. *Cartular. archiep. Bis.*; traduction
dans Edouard CLERC, *Essai sur l'hist. de la Franche-Comté*, t. I, pp. 444
et 445.

droit de notre commune : il ne désirait la soumettre que pour lui accorder une existence légale et en faire de la sorte son obligée. Mais l'influence française s'opposait à ce que cette transaction fût conclue à l'amiable ; il devint évident qu'elle ne pourrait être obtenue qu'avec l'assistance des armes.

Rodolphe laissa toutefois à la commune le temps de réfléchir : il avait d'ailleurs besoin de ses troupes, tant pour seconder les bourgeois de Colmar contre les sires de Girsberg, que pour purger de brigands les forêts de la Thuringe. Cette dernière tâche réclamant sa présence au cœur de l'Allemagne, il délibéra de passer l'hiver à Erfurth (¹) ; mais auparavant il avait confié des forces à son lieutenant Jean de Chalon, avec mandat de venir faire une nouvelle expédition autour de notre ville.

L'expérience ayant démontré l'énorme difficulté de surmonter par un siége les obstacles que présentait l'assiette naturelle de Besançon, le lieutenant impérial essaya d'un blocus qui eût chance de réduire les habitants par la famine. Il avait beau faire pour tenir campagne sur le pourtour de Besançon, ne devant être gêné par aucun des châteaux qui commandaient les abords de cette place : Montfaucon appartenait à son oncle Jean, l'un des fidèles de Rodolphe ; Arguel, à des ennemis jurés de la commune ; Châtillon, au comte de Bourgogne, le vaincu du dernier siège. Par surcroît de fortune, l'hiver se montrait d'une bénignité qui tenait du prodige : les arbres avaient eu feuilles et fleurs avant Noël, les nichées des oiseaux étaient écloses depuis les premiers jours de janvier, et à la même époque on avait vu les enfants se baigner en eau courante (²).

La commune n'avait pas cette fois une armée féodale à

(¹) ELLENHARDI *Chronicon; Annales Colmar. major.*, ap. PERTZ. *Monumenta Germaniæ*, t. XVII, pp. 132, 133 et 217. — *Chronicon S. Petri Erfordiens.*, ap. GERBERT, *Codex epistolaris Rudolphi I*, pp. CLVII-CLIX. — BŒHMER, *Regesta Imperii*, ad ann. 1289 et 1290.

(²) « 1289-1290. — Hiems calida : herbe flores, arbores flores et folia ante Nativitatem Domini produxerunt ; venatores tum fraga in Alsacia

bonne portée pour défendre les approches de ses remparts : aussi renonça-t-elle à la fantaisie de laisser ouvertes les portes de la ville. Non contente de les fermer toutes, elle munit les moins résistantes de barricades et d'échafaudages (¹). Les points faibles des murailles furent couronnés de machines de guerre, par les soins d'un charpentier allemand, nommé Ulrich, que nos prud'hommes allaient retenir à vie comme maître de leurs engins (²).

Un seigneur expérimenté dans les choses de la guerre, Richard d'Auxelles (³), fut engagé, avec neuf gentilshommes et quelques arbalétriers, pour renforcer l'action des milices communales (⁴) : le commandement de celles-ci revint à Amiet de Choye, le citoyen que la voix populaire avait proclamé capitaine (⁵).

Jean de Chalon adopta pour quartier ce même camp de Bellevaux que les confédérés avaient tracé l'année précédente : il mit son monde en croisière vers le milieu de février 1290. Dès lors, tout individu qui tenta de sortir de Besançon ou d'y entrer, pour raison de commerce, d'approvisionnement ou de culture, dut être impitoyablement détroussé. Une capture importante fut celle des bagages de plusieurs négociants

invenerunt; pice cum gallinis pullos ante Trium-Regum protulerunt; arbores folia antiqua retinuerunt usque ex eis recentia prodierunt; vites botros, folia, flores ante Hilarii protulerunt; pueri in Egesheim in aqua fluenti balnabant..... In Purificatione pavones audiebantur, ciconie videbantur. Quedam galline, pice, columbe pullos in januario produxerunt.» *Annales Colmarienses majores*, ap. Pertz, *Monumenta Germaniæ, Scriptor.* t. XVII, p. 217. — Voyez aussi Boyve, *Annales de Neuchâtel*, t. I, p. 249.

(¹) *Pièce justificative* nᵒ XXXIX.

(²) *Pièce justificative* nᵒ XXXV.

(³) Auxelles-Bas, en allemand Nieder-Assel, canton de Giromagny (Haut-Rhin). — La conduite de Richard d'Auxelles, dans cette circonstance, s'explique par le fait qu'il était le gendre de Thiébaud de Rougemont, l'un des anciens alliés d'Othon IV contre Rodolphe de Habsbourg. (Guillaume, *Hist. des sires de Salins*, t. I, p. 117.)

(⁴) *Pièces justificatives*, nᵒˢ XXXI et XXXIX.

(⁵) Voyez plus haut la note relative à ce personnage et à sa fonction, ainsi que notre *Pièce justificative* nᵒ XXXIX.

de la cité, qui s'étaient rendus aux foires de Champagne [1] et en ramenaient des draps ainsi que beaucoup d'autres marchandises [2].

La commune n'était forte que par le site exceptionnel de la ville dont elle régissait les destinées; mais ses soldats, la plupart improvisés, ne pouvaient, en rase campagne, faire brillante figure devant les vieux routiers façonnés à la rude école de Rodolphe. C'est ce qu'apprirent les Bisontins dans une reconnaissance de cavalerie qu'ils parvinrent à pousser jusque près de Bellevaux [3]. Cloués ensuite dans la place, ils furent ainsi condamnés à payer des auxiliaires pour voir avec eux, du haut des remparts, leur banlieue dévastée, leurs concitoyens dépouillés, les vivres qui leur arrivaient tomber aux mains de l'ennemi. A ce jeu, la caisse communale s'épuisait, et l'argent fourni à gros intérêts par un prêteur [4] ne parvenait pas à se convertir en denrées alimentaires. Les souffrances du moment se compliquaient de la perspective d'une disette pour l'année suivante; car la crise actuelle menaçait, en se prolongeant, de priver des réparations de la culture un

---

[1] Les marchands ainsi détroussés revenaient de la foire de Lagny-sur-Marne, celle des foires annuelles de Champagne qui était la première en date : elle s'était ouverte le 2 janvier 1290, pour se terminer le 6 mars suivant. Or, le blocus de Jean de Chalon ayant commencé vers le milieu de février, on s'explique comment les négociants bisontins, alors à Lagny, ne soupçonnèrent pas le piége qui les attendait à leur retour. (Voyez F. Bourquelot, *Etudes sur les foires de Champagne*, dans les *Mémoires présentés par divers savants à l'Acad. des Inscriptions et Belles-Lettres*, 2ᵉ série, t. V, 1ʳᵉ partie, p. 80.)

[2] *Pièces justificatives*, nᵒˢ XXXVI et XXXVII.

[3] Tout citoyen possédant un cheval avait été requis de le fournir pour cette démonstration : ceux qui n'obéirent pas furent punis d'une amende pécuniaire. Le compte relatif à cette pénalité est précédé de la mention suivante : « Cou sunt cis qui doivent por le défaut des chevas de la chevachie devant Bellevas. » *(Registre municipal* I, fol. CLXXVII verso.) Ce compte ne porte pas de date, mais on y retrouve l'encre et l'écriture des articles de l'année 1290.

[4] *Pièce justificative* nᵒ XXXIX. — Ce prêteur s'appelait Perrin le *corsin*, c'est-à-dire le banquier. (Voyez, quant à l'étymologie du mot *corsin* ou *caorsin*, Bourquelot, *Foires de Champagne*, 2ᵉ partie, p. 140-154.)

territoire qui avait subi coup sur coup les ravages de deux armées. La situation ne pouvait cependant être modifiée que par un traité avec l'ennemi, ou par l'arrivée d'un imposant secours.

Ignorant la soumission absolue que le comte de Bourgogne avait souscrite à l'égard de l'Empire, la commune espérait encore dans la protection que lui devait son gardien. Elle se croyait en cela d'autant mieux fondée que, lors du précédent siége, l'inconséquent Othon, pour l'encourager à la résistance, lui avait fait passer une lettre scellée qui la garantissait contre toutes les conséquences de l'événement. C'était le cas, ou jamais, de faire valoir cette promesse : aussi la commune envoya-t-elle sommer le comte d'avoir à remplir envers elle son office de gardien.

Othon avait bien alors d'autres soucis : débiteur de Philippe le Bel, il venait de livrer officiellement à l'Empire un gage sur lequel la France avait une secrète hypothèque. Sa réponse aux Bisontins fut celle d'un homme qui ne sait où donner de la tête. La paix, la paix au plus vite, voilà ce qu'il leur conseille, ajoutant qu'il interviendra pour qu'elle leur soit accordée dans les meilleures conditions : agir avec eux contre l'Empire lui est impossible, car ses engagements sont tels envers Rodolphe, que si ce monarque lui commandait de marcher contre eux, il devrait obéir ; c'est donc folie de la part des Bisontins de compter sur lui ; et quant à la promesse écrite qu'ils lui rappellent, il n'en a nul souvenir et croit qu'elle a été scellée en son absence par le défunt doyen du chapitre de Besançon ([1]) ; pour le surplus, il leur souhaite la garde de Dieu ([2]).

([1]) En combinant cette assertion avec le passage du *Nécrologe* de l'Eglise de Besançon qui fixe au 15 décembre l'anniversaire du doyen Eudes de Neuchâtel, on a la date précise, jusqu'à présent inconnue, de la mort de ce dignitaire : 15 décembre 1289. — Cf. *Gallia christiana*, t. XV, auct. B. HAURÉAU, col. 124-125.

([2]) *Pièce justificative* n° XXXIII.

Cette réponse, en date à Pontarlier (¹) du 1ᵉʳ avril 1290, arriva le lendemain, jour de Pâques, à Besançon. Elle était bien faite pour consterner nos prud'hommes. Il semble toutefois qu'une lueur d'espoir leur soit restée après cette défection; peut-être attendaient-ils une intervention du roi de France. Le fait est que trois ou quatre jours se passèrent encore dans l'expectative. Après quoi, toute chance de secours étant perdue. il fallut mettre l'amour-propre sous les pieds et faire à l'ennemi des avances. Les intentions de Rodolphe étant qu'elles fussent bien accueillies, Jean de Chalon désigna deux médiateurs pour s'aboucher avec le conseil de la commune : c'étaient son oncle Gauthier de Montfaucon et Simon de Montbéliard (²).

Les pourparlers commencèrent le 6 avril (³); mais on n'a-

(¹) *Pontellie*, lit-on dans le texte original, ce qui est conforme à la manière dont la chancellerie du comte Othon IV orthographiait le nom de la ville de Pontarlier. (Voir la charte de fondation du couvent d'Augustins de cette localité, en 1284, dans l'*Histoire de Pontarlier*, par Droz, p. 297.) — Il serait d'ailleurs invraisemblable que la lettre en question ait été écrite à Pontailler-sur-Saône, le comte Othon ayant récemment cédé au duc de Bourgogne tous ses droits sur ce bourg. (Charte de 1288, dans Pérard, *Pièces curieuses sur l'histoire de Bourgogne*, p. 561.)

(²) Ces deux personnages, l'un et l'autre petit-fils de Richard III de Montfaucon, comte de Montbéliard, étaient cousins germains. — Amédée III, père de Jean et de Gauthier de Montfaucon, avait épousé Mahaut de Sarbruck, qui, d'un premier mariage, avait eu Laure de Commercy, mère de Jean de Chalon-Arlay : Laure était donc la sœur utérine des frères Jean et Gauthier de Montfaucon. — Simon était issu de Richard IV de Montfaucon-Montbéliard : il avait de son chef les seigneuries de Montrond et de Maillot; il régissait de plus la seigneurie de Cuiseaux, comme tuteur de l'enfant que sa femme Catherine avait eu d'un premier mariage avec Jean de Cuiseaux. (F. de Gingins-la-Sarra, *Tableau généalogique de la maison de Montfaucon-Montbéliard*, feuilles IV et VIII. — Pérard, *Pièces curieuses*, pp. 556-557.)

(³) C'est à partir de cette date que la commune, conformément à la convention du 15 février précédent *(Pièce justificative* n° XXXI), cessa de payer des gages à Richard d'Auxelles : les comptes portent que ce seigneur avait servi la ville pendant cinquante jours, c'est-à-dire du 16 février au 6 avril 1290. Le 9 mai, il n'était déjà plus à Besançon, car on voit alors un de ses écuyers toucher pour lui une part de ce que lui devait encore la caisse municipale. *(Pièce justificative* n° XXXIX.)

boutit que le 24 à conclure une trêve de trente-cinq jours, durant laquelle, dans les limites d'un périmètre qui comprenait le territoire de la commune et les vignobles voisins, les citoyens auraient toute liberté de circuler, de vaquer à la culture et de se procurer des vivres, sans danger pour leurs personnes ni pour leurs biens. Richard d'Auxelles et ses compagnons, compris dans les bénéfices de cet arrangement, purent regagner en paix leurs foyers (¹).

' Une question se présentait en première ligne : c'était celle des franchises que la commune aspirait à se faire reconnaître en échange de sa soumission à l'Empire. Le jour même de la conclusion de la trêve, les prud'hommes avaient couché par écrit la kyrielle de leurs prétentions. A les entendre, le peuple de Besançon était libre de temps immémorial, et la ville n'avait jamais reconnu d'autre maître que l'empereur des Romains ; ils voulaient continuer à vivre sous ce régime, et demandaient à Rodolphe de leur garantir : 1° une monnaie de poids et aloi invariables ; 2° une commune s'administrant par elle-même et gardant les clefs des portes de ville ; 3° l'obligation pour les tribunaux de s'adjoindre comme jury le conseil de la commune et de ne faire d'édit que sur ses propositions ; 4° l'inviolabilité des citoyens, sauf le cas de crime flagrant ; 5° le droit pour la commune de se faire justice sur les biens de ceux qui auraient maltraité quelqu'un de ses membres ; 6° l'établissement d'un tarif immuable pour les trois catégories d'amendes pécuniaires ; 7° la participation de tous les habitants de la ville aux charges de la commune ; 8° la limitation à douze muids du banvin annuel de l'archevêque ; 9° enfin la faculté de construire un moulin et deux fours communaux (²).

(¹) *Pièce justificative* n° XXXIV.

(²) « Cou sunt noz franchisses et nos custumes, et cou que nos avons ussé dès le tens du quel on ne est mémoire ; cou est cou que li prodomes de Besençon et li citien requèrent à très aut prince et soverain Raou, roi des Romains et général amenestrour des biens de l'Empire de Rome de l'autorité l'apostoille, qu'il lour outraoist et confermeist :

Ce n'était pas le tout de dire que l'origine de ces franchises se perdait dans la nuit des temps : le difficile eût été de le prouver, et l'enquête que l'on aurait faite à cet égard ne pouvait que tourner à la confusion de la commune. Il fallait donc éloigner de l'esprit de Rodolphe toute idée de contrôle, et il n'y avait pour cela qu'un seul moyen efficace : c'était de montrer au monarque que tel de ses prédécesseurs, moins favorable que lui à l'extension des libertés municipales, avait cependant confirmé la commune dans la jouissance de tous ces priviléges. Il s'agissait donc de masquer la supercherie par un faux en écriture authentique. Deux dignitaires ecclésiastiques paraissent s'être rendus complices de la manœuvre : l'abbé de Saint-Paul, en recevant le faux diplôme dans ses archives ; l'official de l'archidiacre, en revêtant de son sceau la copie de ce document qui devait être placée sous les yeux de Rodolphe. On choisit le nom de l'empereur Henri VI pour mettre en tête de l'acte, et l'on imagina, comme formule finale, une date de cent années en arrière : la pièce fut intitulée *Sentence de Mayence* ([1]). Dès qu'elle se trouva prête, on en doubla mystérieusement la supplique des prud'hommes, et l'un des plus avisés parmi les citoyens, Villemin de Gy, partit avec ce bagage pour Erfurth ([2]), la résidence impériale du moment.

Rodolphe était trop peu diplomate pour démêler une trame ourdie à si longue distance contre sa bonne foi. Son coup-

---

» Prumeremant que li citiens et li cité soient sougist à l'Emperraour sent nul maiain ; la quel chosse li diz citiain aferment qui sunt et ont esté dès le tens qui n'est mémoire, et est en la devine escriture des glorious martis saint Ferieul et saint Ferreul qui convertirent la cité des paiains à la cristienté...... » (A. CASTAN, *Origines de la commune de Besançon*, *Pièce justificative* n° XXI, dans les *Mémoires de la Société d'Emulation du Doubs*, 3ᵉ série, t. III, 1858, pp. 364-366.)

([1]) J'ai, le premier, prouvé la fausseté de la *Sentence de Mayence*, et expliqué le but et les circonstances de sa fabrication, dans le chapitre V de mes *Origines de la commune de Besançon*.

([2]) *Pièce justificative* n° XXXIX.

d'œil était celui du soldat, qui envisage sommairement le but
à atteindre et n'aperçoit pas toujours les conséquences d'une
brusque détermination. Impatient de damer à Philippe le
Bel le plus beau pion de leur commun échiquier, il reçut à
bras ouverts l'envoyé des Bisontins, et trouva bon tout ce
qu'il lui présentait. Ce que voyant, le rusé citoyen eut le
talent d'introduire une clause supplémentaire dans la requête
dont il était porteur : il demandait ainsi à Rodolphe le double
engagement de ne jamais exiger d'impôt de la commune, et de
ne jamais construire malgré elle aucune forteresse sur le
territoire de Besançon ([1]). Ces deux points importants furent
encore admis, et l'ordre arriva bientôt à Jean de Chalon d'ho-
mologuer, au nom de l'empereur, la totalité des articles pro-
posés par les citoyens.

Le lieutenant impérial n'avait pas les mêmes motifs que
son maître de se montrer généreux envers la commune : aussi
ne voulut-il lâcher à celle-ci les nouvelles franchises que
contre le paiement d'une indemnité de guerre dont il comp-
tait faire son profit..Or, la caisse communale ne renfermait
pour toute monnaie que d'assez nombreux enregistrements
d'emprunts ([2]) : le devoir des prud'hommes était d'ajouter le
moins que possible à ce passif. On regimba donc fort et ferme
contre les prétentions du sire d'Arlay, tandis que l'on envoyait
prier le duc de Bourgogne et l'official de Lausanne de s'entremettre pour adoucir ce fier baron ([3]). La trêve expira sans

---

([1]) C'est, en effet, la seule variante qui existe entre le texte français
de la requête des prud'hommes et l'acte latin des privilèges octroyés,
d'autorité impériale, par Jean de Chalon. Voyez ces deux documents
parmi les *Pièces justificatives* de mes *Origines de la commune de Besançon*,
nos XXI et XXII.

([2]) *Pièce justificative* no XXXIX. — Une *prise* (imposition extraordi-
naire) avait été frappée sur les citoyens pendant le carême de l'année
1290 : elle avait rapporté 586 livres 18 sous *(Registre municipal* I, fol. v-
xviii). Or, la commune devait au seul Richard d'Auxelles, tant pour ses
frais d'équipement que pour ses gages, 725 livres.

([3]) *Pièce justificative* no XXXIX.

que les parties se fussent entendues sur la question financière. Les hostilités cependant pouvaient être reprises, le territoire en pâtir une troisième fois, et finalement Rodolphe revenir sur ce qu'il avait octroyé d'enthousiasme. Ces considérations touchèrent nos prud'hommes qui, par un compromis du 3 juin 1290 (¹), déclarèrent s'en rapporter à la conscience de Gauthier de Montfaucon et de Simon de Montbéliard, pour régler, jusqu'à concurrence d'un *maximum* de huit mille livres, l'indemnité de guerre dont la cité pouvait être passible envers l'empereur et son lieutenant : la question des marchandises saisies au retour de Lagny demeurait réservée aux cours dont relevait le *conduit des foires*, c'est-à-dire aux juridictions du roi de France et du comte de Champagne (²).

Deux jours après ce compromis, Jean de Chalon scella, d'autorité impériale, la charte qui accordait une existence politique à notre commune, en plaçant ses destinées sous la sauvegarde du droit public de l'Europe (³).

Jean de Chalon put regretter d'avoir livré si vite le gage de ses intérêts matériels dans l'affaire ; car les Bisontins, en possession de leurs franchises, marchandèrent avec lui de plus belle. L'indemnité promise n'était pas encore réglée au mois d'août 1290 ; et, dans les atermoiements conclus à cette époque, on prévoyait encore la possibilité d'un retour offensif du sire d'Arlay (⁴).

VII

Il nous reste à indiquer brièvement les conséquences sociales et politiques des événements militaires que nous venons de dérouler.

(¹) *Pièce justificative* n° XXXVI.

(²) *Pièces justificatives*, n°s XXXVI et XXXVII. — Voyez F. Bourquelot, *Foires de Champagnes*, 1re partie, pp. 177-182, 324-328.

(³) Cette charte forme la *Pièce justificative* n° XXII de mes *Origines de la commune de Besançon.*

(⁴) *Pièces justificatives*, n°s XXXVII et XXXVIII.

Pour la commune de Besançon, les dépenses et les pertes dés années 1289 et 1290 furent compensées, au delà de toute prévision, par quatre siècles de grandeur morale et de prospérité matérielle. Jusqu'alors la commune n'avait été qu'une ligue d'intérêts privés contre le pouvoir arbitraire et anormal des archevêques, une association mal définie, qui se légitimait seulement par les abus qu'elle battait en brèche et par le souvenir de droits antérieurs dont se prévalait à juste titre la masse de la population. Mais ce que l'émeute avait créé, la répression pouvait d'un jour à l'autre le détruire : aussi la commune, perpétuellement en transes et en lutte, n'offrait-elle que des garanties passagères à ceux qui venaient s'y agréger. Elevée par Rodolphe au rang de puissance publique, son existence fut assurée et le principe reconnu de sa domination sur la totalité du territoire de la ville. Dès lors, ses franchises devenant un bénéfice réel et efficace pour les cultivateurs et les négociants, la population urbaine ne pouvait manquer de s'en accroître; et le commerce, qui jusque-là n'avait été exercé que par des camp-volants, juifs ou lombards, allait passer entre les mains des véritables citoyens de Besançon.

Si tout fut profit pour la vieille métropole dans les conséquences de cette double campagne, il s'ensuivit un irréparable dommage pour les intérêts généraux de la Franche-Comté. Erigé en république souveraine, Besançon tendra de plus en plus à s'isoler du comté de Bourgogne : son rôle, dans la plupart des cas, sera d'afficher l'indépendance, même au mépris des périls qui menaceront le reste de la province. Privée du concours de cette place de guerre, la défense militaire du comté de Bourgogne sera décapitée. En effet, disait en 1637 le duc de Lorraine, « la force de Bourgougne consiste aux rivières et aux montagnes; Besançon tient les rivières du Doubs, Louhe et Oignon : de l'une il tient le passage du pont dans la cité, et les autres sont à ses flancs, et il tient l'entrée des montagnes en un endroit qu'elles luy sont ouvertes de toutes parts. Ainsy quand toute la Bourgougne seroit conquise et

4

Besançon nous resteroit, nous la recouvrerions; et si Besançon
estoit entre les mains des François, la Bourgougne seroit
irrévocablement soub leur domination (¹). » Lors des divers
coups de main que la France tenta sur notre province, la ville
de Besançon suivit presque toujours une politique de moyen
terme qui fut fatale à l'ensemble du pays. Soucieuse avant
tout de conserver intacte son autonomie, ne voulant pas plus
être annexée au comté de Bourgogne qu'entrer dans la grande
nation dont elle parlait le langage, elle resta le plus souvent
sur la défensive, tandis que, par une solidarité bien entendue
avec le pays qui l'entourait, elle aurait pu épargner à celui-ci,
en plusieurs circonstances, les horreurs combinées de la guerre,
de la peste et de la famine.

_____

(¹) GIRARDOT DE NOZEROY, *Histoire de dix ans de la Franche-Comté de Bourgougne* (1632-1642), p. 179.

PIÈCES JUSTIFICATIVES

I

1278. — 23 AVRIL.

Reconnaissance d'un engagement de joyaux fait par Othon de Bourgogne (¹), entre les mains d'un banquier d'Asti (²), contre le prêt d'une somme de deux cents livres.

(Archives du Doubs. — Résidu de l'ancienne Chambre des comptes.)

Je Guilliaume Turc, marcheant d'Ast, demourant à Valenciennes, fas à savoir à tous ces qui verront et orront ces présantes leittres que je ai presté à très haut home et noble mon seigneur Othes de Bourgoigne deux cens livres de parisis seur aucuns juiaus d'or et d'argent, c'est à savoir ı aigle d'or et une couronne d'or et une coupe d'argent esmailliée, les quieus gages nos devons délivrer à celui qui fera mon paiemant et qui me aportera ses leittres pandens. En tesmoingniage de la queil chosse je ai mis mon seel en ces présantes leittres, données à Valenciennes l'en de grace mil deus cens et septante et huit, le sanbedi après Pasques.

(Sceau rond, offrant au centre un écu fascé de six pièces, dont la seconde, la quatrième et la sixième sont échiquetées de trois traits; légende : † SIGILLVM GVLLELMI TVRCH.)

(¹) Othon ne prit le titre de comte de Bourgogne qu'après la mort de sa mère Alix, arrivée le 8 mars 1279. (DUVERNOY, *Note* de son édition des *Mémoires de Gollut*, col. 1869.)

(²) Asti, en Piémont, l'une des villes d'Italie qui produisaient le plus de ces prêteurs nomades, analogues aux Juifs, et que le moyen âge désignait par la qualification générique de *Lombards*. — En 1286 (9 décembre), Othon IV autorisa, moyennant finance, l'établissement de maisons de prêt à Arbois, à Poligny et à Chissey, par les soins d'une compagnie de Lombards, « citains et marcheanz d'Ast, » dont voici les noms : Bonhomme et Alexandre son neveu, dits *Asiniers*; Aubertin et Ruffin frères, dits *Casteignole*; Richard et Ruffin frères, dits *de l'Eglise*. (*Archives du Doubs*, ancienne Chambre des comptes, A. 76.)

II

1279. — 10 SEPTEMBRE.

Acte de la saisie faite par deux banquiers florentins, au nom du comte de Bourgogne Othon IV, d'un dépôt de numéraire existant à l'abbaye Saint-Paul de Besançon.

(Archives du Doubs. — Fonds Saint-Paul.)

Saichent tuit cil qui verront et orront ces présantes latres que nos diz Abbés et Landuches, citien et mercheant de Florance (¹), tout ce qui estoit en l'abaie de Saint Poul de Besençon, en non noble prince Othon, conte palatin de Borgoigne et seignour de Salins, de part Martin de Blocens, soit en or, soit en argent ou en menoie quel quele soit, avons pris en la dite abbaie de Saint Poul ou non dou dit conte de Borgoigne. Et de ce que nos avons pris en la dite abaie, ainsi com il est desus dit, nos avons promis et prometons en bone foy à priour et ès autres seignours de l'englise de Saint Poul de Besençon porter garantie et garder de touz domaiges, en touz leus, contre totes genz et espècialamant contre le dit conte de Borgoigne. En tesmoignaige de la quel chose nos avons saelées ces letres de noz saels (²), faites et donées l'an de grace M. CC. septante et nuef, le deumoinche après la Nativité Nostre Dame, ou mois de septambre.

(¹) L'Abbé et Landuche, de Florence, étaient deux prêteurs associés qui avaient un établissement de banque à Besançon.

(²) Le sceau de Landuche de Florence portait, au centre d'un cartouche formé de trois lobes et de trois chevrons, un écu renfermant un rencontre de bouc.

III

1281. — 16 JUIN.

Quittance de la somme de cent livres payées, au nom du comte de
Bourgogne Othon IV, pour solde d'une dette de tournoi de ce prince
envers un seigneur de la Cour de France.
(Archives du Doubs. — Résidu de l'ancienne Chambre des comptes.)

A touz cieus qui veirront et orront ces présentes leitres, gie
Estieines de Qierrien, sire de Marueil en Pontis, chevalier,
faz savoir que gie ai eu et reçeu en deniers contans, par la
mein Pieirre Marcel, borjois de Paris, por noble homme
monsengieur Otes, cueins palatins de Bourgongne et sires de
Salins, cent livres de parisis, ès qiex deniers ledit monsengieur
Otes eitoit tenus à moi por peirtes de tournoiemans et de son
propre don; des qiex cent livres de parisis gie qite entieire-
ment ledit monsengieur Otes et ses hoirs à touz jours, et le
qite ledit monsengieur Otes de toutes deites, de toutes qereilles,
de toutes actions qui aient esté entre moi et lui jusqes au jour
d'ui; et se nulles leitres eitoient treuvées en qoi il fut tenus à
moi por cause de deite, gie voil et otroi que eilles ne soient de
nulle value. Et qant à ce tenir fermement, gie en oblige au
dit monsengieur Ote moi et mes hoirs. Et por ce qe ce soit
feirme chose et establе, gie l'en doing ceste présente leitre
seieillée de mon seieil; et fu feite l'an de grace mil deus cens
et qatre vins et un, le lundi après la seint Barnabé l'apoutre,
hu mois de juing.

IV

1283. — 12 NOVEMBRE.

Obligation, souscrite à Orviete (¹) par des banquiers florentins, de res-
tituer à Othon, comte de Bourgogne, les gages qu'ils tiennent de ce
prince, en échange du remboursement de la somme qu'ils lui ont prêtée.
(Archives du Doubs. — Résidu de l'ancienne Chambre des comptes.)

Universis presentes litteras inspecturis..... quod ego Duius
Johannis, civis et mercator florentinus de societate..... et
Hugonis Spine de Florencia, meo et sociorum meorum
nomine, teneor et promitto egregio viro....... ti Burgundie
palatino ac domino de Salinis, dare et consignare eidem domino comiti vel..... omnia pignora que ego et mei socii
habemus de suis quandocumque et in quocumque loco.....
idem comes restituet seu restitui faciet illam quantitatem
pecunie quam......... i et societati aut alicui eorum solvere et
dare tenetur. In cujus rei testimonium....... um duxi presen-
tibus apponendum. Data apud Urbemveterem, anno Nativitatis
Domini M CC octuagesimo tertio, indictione duodecima , die
duodecima mensis novembris, pontific.... pape IIII^{ti} anno III°.

(¹) Ville des Etats de l'Eglise.

V

1285. — 29 AVRIL.

Quittance de la somme de quatre cents livres, représentant le premier terme de l'indemnité promise par le comte de Bourgogne, Othon IV, à Aimé, seigneur de Faucogney (¹), qui, moyennant ce, consentait à l'accompagner en Aragon (²).
(Archives du Doubs. — Résidu de l'ancienne Chambre des comptes.)

Je Haymés, sire de Facoygné, fas savoir à touz ces qui varunt et orrunt ces présentes letres que je ai reçeu IIII cenz livres dou premier paemant que mes sires li cuens de Borgoygne me davoit pour l'alée d'Aragon, et m'en tien por paiez entièrement. En tamoynaige de la quel chouse, j'ai salé ceste letre de mon seel, l'an M. CC. IIII XX et V, ou moys d'avry, faites le diemainge devant l'Acenssium.

VI

1285. — MAI.

Quittance d'une somme de cinquante livres fournie au comte de Bourgogne, Othon IV, par un juif de Dole.
(Archives du Doubs. — Résidu de l'ancienne Chambre des comptes.)

Nos Hotes, couens de Borgoigne palazins et sires de Salins, façons à savoir à toz qui verront et orront ces présentes latres que nos avons eu et reçeu de nostre amé serjanz et féal Hu-

---

(¹) Faucogney, petite ville de la partie franc-comtoise des Vosges, aujourd'hui chef-lieu de canton du département de la Haute-Saône. — Le seigneur de ce nom, nommé dans notre quittance, était, par sa mère Elvis de Joinville, le neveu de l'historien de Saint-Louis. (GUILLAUME, *Histoire des sires de Salins*, t. I, pp. 97-98.)

(²) Se rapportent également au voyage d'Aragon, les deux paiements suivants ordonnés par le comte de Bourgogne, au mois de mai 1286 : 1º A Estevenot, écuyer, fils du chevalier Pierre Gressot d'Oiselay, « trente livres por un cheval que il perdi aveu nos en Arregon ; » 2º quinze livres à Jeannin Prioraz, de Besançon, « por I roncin.... perdut avec lui (le comte de Bourgogne) hu voiaige d'Arragon. » *(Mêmes archives, même fonds.)*

guenot de Gevrė, bailli en Borguoigne (¹), cinquante livres
de tornois, li quez deniers furent bailliez et délivré à Richar
de Vergiles (²), nostre escuier, par la main Beniot, nostre
juer de Dole ; les quez deniers nos prometons conter et rabatre à Huguenot desuz diz des rantes et des issues de nostre
terre que li diz Huguenoz reçoit. En tesmoignage de la quel
chose, nous avons baillié à dit Huguenot de Gevré ces présentes latres salées de nostre seal, l'an de l'Incarnation
Nostre Seignor corran par mil et dous c et iiii xx et cinc, ou
mois de may.

(¹) Nos historiens sont d'accord pour affirmer que jusque vers l'an 1332.
il n'y eut qu'un seul bailli général dans le comté de Bourgogne (CHE-
VALIER, *Histoire de Poligny*, t. II, p. 62 ; DROZ, *Essai sur les bourgeoisies*,
pp. 38, 51 et 112 ; DUVERNOY, *Note* de son édition des *Mémoires de Gollut*,
col. 1749). Le document qui va suivre prouvera, contrairement à cette
doctrine, que, sous le gouvernement du comte Othon IV, deux officiers
supérieurs de ladite qualité présidaient à la gestion des intérêts du
prince, l'un comme juge d'appel, l'autre comme intendant. Dans cette
séparation des pouvoirs judiciaire et administratif, se trouve le germe
du Parlement et de la Chambre des comptes, institutions qui seront
l'œuvre du gouvernement transitoire de la province par Philippe le Bel.
Voici la pièce, en date du 13 janvier 1286, où figurent deux baillis avec
les attributions distinctes que nous avons indiquées :
« Je Vicharz de Borbone, chevaliers, bailliz em Borgoigne, et com-
mandemenz mon siegnor le conte de Borgoigne por enquérir et por
encerchier les torz faiz que bailli. chastelain, prévost, maiour et serjant
et li governor qui ont governé sà terre de Borgoigne, fais savoir à touz
que je ai esté à Chissie (Chissey) par dous jorz por enquester et i ai
despendu vint et sept souz et diex deniers, les ques Estevenins, prévoz
de Chissie, m'ai fait à avoir par le commandement Huguenat de Gevrie,
bailli en Borgoigne, et par le commandement mon segnor Grégoire,
chapelain mon siegnor le conte, et par une laitre que je lor mostrie
seeslée de lor seas, donée à Dole le sambbadi après l'an nuef, l'an M CC
quatre vinz et cinc (5 janvier 1286). Après, li diz prévoz, par le commandement doudit Huguenat et doudit Grégoire, je ai au et reçeu doudit
prévost sexante souz por atre despans. En tesmoignaige de verté, je ai
mis mon sael en ces présantes laitres, donées à Chissie, le sambbadi après
l'Apparition, l'an mil dous cenz quatre vinz et cinc. » *(Mêmes archives.
même fonds.)*
(²) Vregille, village du canton de Marnay (Haute-Saône).

Vll

1285 — 22 MAI.

Mandat, sur le trésor du comte de Bourgogne Othon IV, de la somme de sept livres, à payer aux nautoniers de Dole qui avaient conduit par eau jusqu'à Lyon les troupes qui accompagnèrent ce prince en Aragon.

(Archives du Doubs. — Résidu de l'ancienne Chambre des comptes.)

Huedes de Fonvanz ([1]), chastelain de Bracon ([2]), à mon seignour Grégoire ([3]) et à Huguenet de Gevrey, baillif en Borgoigne, salut et bon amour. — Savoir vos fais que nos davons as nateniers de Dole sept livres d'estevenans ([4]) de lour viaige ; pour quoi je vos mant que vos as diz nateniers faceiz lour gref des dites sept livres, et nos lour avons paié lou remaignant. — Pour ce que je n'ai point de seel, quar lou jour que ces lettres furent faites je perdi le mien seel, j'ai saelées ces lettres dou seel mon seignour lou conte, données à Lion lou mardi après l'oictave de Penthecoste, l'an Nostre Soignour mil cc. octante et cinc.

([1]) Eudes de Fouvent, d'une branche cadette de la famille de ce nom, était seigneur de Saint-Loup, près de Gray. Othon IV, qui l'affectionnait assez pour avoir été le parrain d'un de ses fils, lui confra, en 1293, à titre de loyer de ses services, l'office de chambellan du comté qu'il rendait héréditaire dans la famille de cet officier ; il le nomma, en outre, l'un des exécuteurs de son testament. (CHEVALIER, *Histoire de Poligny*, t. I, pp. 160 et 396, t. II, pp. 38, 631 et 632 ; DUVERNOY, *Nobiliaire du comté de Bourgogne*, ms de la bibliothèque de Besançon.)

([2]) Le château de Bracon-sur-Salins, résidence seigneuriale du comte de Bourgogne en sa qualité de sire de Salins. — Voyez, sur ce castel, le *Dictionnaire des communes du Jura*, par M. ROUSSET, t. I, pp. 315-319.

([3]) C'était le chapelain du comte Othon.

([4]) La monnaie estevenante *(stephaniensis)* était celle que frappaient les archevêques de Besançon, en vertu d'un privilége de Charles le Chauve : son nom lui venait de ce que les espèces ainsi fabriquées portaient au droit l'image du bras de saint Etienne *(Stephanus)*. — Voyez D. GRAPPIN, *Recherches sur les anciennes monnaies du comté de Bourgogne*, pp. 17-18 ; PLANTET et JEANNEZ, *Essai sur les monnaies du comté de Bourgogne*, pp. 31-60, pl. II et III. — Cf. mes *Origines de la commune de Besançon*, dans les *Mémoires de la Société d'Emulation du Doubs*, 3e série, t. III, 1858, pp. 214, 219-220, 258 et 259.

VIII

1285 — 7 juin.

Reconnaissance de la somme de vingt livres avancée par un juif, en
partie pour payer les nautoniers qui avaient chargé à Gray les vivres
que le comte de Bourgogne Othon IV menait avec lui en Aragon.
(Archives du Doubs. — Résidu de l'ancienne Chambre des comptes.)

Je Jehannins de Fontenoi, sergenz mon signour lou conte
de Bourgoigne, fais savoir à touz que je, per lou comandemant
Huguenet de Gevrey, bailli en Bourgoigne, ai ahui et recehui
de Fantin, juif de Jussey (¹), vint livres tornois pour faire les
besoignes mon dit soignour, et pour paier ès natenex qui ont
chargié à Gray la farine buretalée, l'avoinne et les vins mon
dit signour pour mener en la terre d'Arragon. En tesmoignaige
de vertei, j'ai mis mon sael en ces lettres, donées lou juedi
devant la seint Barnabé, l'am mil doux cenz octante cinc.

IX

1285 — 30 aout.

Reconnaissance faite par le comte de Bourgogne Othon IV, envers son
prévôt d'Arbois, de diverses dettes, dont l'une relative aux frais de
l'expédition d'Italie (²) en 1283.
(Archives du Doubs. — Résidu de l'ancienne Chambre des comptes.)

Nous Houtes, cuens palatins de Borguoine et sires de Salins,
façons savoir à touz que nous devons à Haimonat Clerc morel,
de Doule, prévost d'Erbois (³), sexante et dix souz, les quex

---

(¹) Jussey, petite ville de la Haute-Saône.

(²) Nous avons des quittances, en date du 10 novembre 1285 et du
10 janvier 1286, par lesquelles Bonote et Guiote, de Gray, toutes deux
femmes de valets du comte de Bourgogne, déclarent avoir reçu de
Pierre Belin, châtelain de Gray, des rations de blé-froment, « dois que
mes sires li cuens s'en ala am Puille. » *(Mêmes archives, même fonds.)*

(³) Aymonet, surnommé le *Clerc morel*, bourgeois de Dole, adminis-
trait la prévôté de la Loye, avant de devenir, en 1284, prévôt d'Arbois.
Le petit sceau rond, dont il usait en cette dernière qualité, représentait
un cerf courant, avec cette légende : † S. PREPOSITI IN ARBOSIO.

sexante et dix souz il nos fît avoir devant Valgrenant ([1]), et six livres et huit souz et quatre deniers que nos li daviens, dois nostre alée de Puille, des despans de nos palefrois fait à Dole, des quex Jeham de Tramasal, nostre valat, li estoit paiges ; par quoy nos comandons à nos conpours qui les li conpoient et rabatent à conpe de ceste saint Michiel dè cou que il nos davray : tesmoing de cou nos li an avons bailié ceste latre seelée de nostre sée, donée à Sentans ([2]) lou vanredi après la seint Jeham de guolace ([3]), l'am mil cc octante sis.

<h2 style="text-align:center">X</h2>

1285 — 30 OCTOBRE.

Reconnaissance du paiement de dix-neuf livres dix-huit sous pour les dépenses, tant à Tournus et à Verdun-sur-Doubs qu'à Dole, des hommes et chevaux du comte de Bourgogne Othon IV, au retour de la campagne d'Aragon.
(Archives du Doubs. — Résidu de l'ancienne Chambre des comptes.)

Nos Simons de Grennant, escuhiers mon soignour lou conte de Bourgoigne, et Richars de Dole, clers dou dit cônte, façons savoir à touz que nos avons ahui et recehui de Huguenet de Gevrey, bailli en Bourgoigne, dix livres tornois, pour lou despens des chevax et des maignies mon soignour lou dit conte que venoient d'Arragon avec nos, fait à Tornuz et à Verdon ; et encoir avons ahui de lui de la dite menoie nuef livres et

---

([1]) Vaugrenans, château-fort du val de Salins, chef-lieu de l'une des plus vastes seigneuries du comté de Bourgogne. Ses ruines, encore imposantes, relèvent de la commune de Pagnoz. (Voyez le *Dictionnaire des communes du Jura*, par M. ROUSSET, t. V, pp. 20-28.)

([2]) Le château de Santans, l'une des plus somptueuses résidences des comtes de Bourgogne, touchait d'une part à la giboyeuse forêt de Chaux, de l'autre à la limpide et poissonneuse rivière de la Loue : de sa terrasse, on jouissait d'un panorama enchanteur. (Armand MARQUISET, *Statistique de l'arrondissement de Dole*, t. II, p. 190 ; ROUSSET, *Dictionnaire*, t. V, pp. 533-534.)

([3]) C'est-à-dire la fête de la décollation de saint Jean-Baptiste, qui, en 1286, tombait le jeudi 29 août.

dix hoit soz, pour lou despens des diz chevax et des dites maignies fait à Dole en doux jors et en does nuiz, c'est à savoir
lou demoinche et lou londi devant la Touz-Sein. En tesmoignaige de vertei, nos avons fait metre en ces lettres lou sael
maistre Renaut, curie de Dole [1], donées à Dole lou mardi
devant la Touz-Seinz, l'am mil doux cenz octante cinc.

XI

1286 — FÉVRIER.

Quittance relative à une somme de quatre cents livres envoyée au comte
de Bourgogne Othon IV de Dole à Paris.
(Archives du Doubs. — Résidu de l'ancienne Chambre des comptes.)

Nos Othes, cuens palatins de Bourgoigne et sires de Salins,
façons savoir à touz ces qui verront ou orront ces présentes
lettres que nos avons ahui et recehui de Huguenat de Gevrey,
nostre amei sergent et féaul, à la Chandelouse, l'am mil doux
cenz octante et cinc, des deniers des rantes et des issues de
nostre terre, quatre cenz livres de bons tornois que nos furent
portées dois Doule vers Paris; de laquele some d'ergent nos
nos tenons pour bien paiez et am quitons lou dit Huguenat
et les suens. En tesmoignaige de vertei, nos avons mis nostre
seaul en ces lettres, que furent faites l'an Nostre Seignour
corrant par mil doux cenz octante et cinc, ou mois de février.

---

[1] Le sceau de ce personnage se composait d'une tête antique en
intaille, enchassée dans un cercle de métal portant cette légende :
† S. MAGISTRI RENALDI CVRATI DE DOLA.

XII

1286. — 3 AVRIL.

Lettre missive du comte de Bourgogne Othon IV à l'un de ses baillis, priant et suppliant cet officier de lui procurer immédiatement, par un moyen quelconque, une somme de deux cents livres destinée à sa femme.

(Archives du Doubs. — Résidu de l'ancienne Chambre des comptes.)

Othes, cuens palatins de Bourgoigne et sires de Salins, à nostre amei compère et foiaul Hugonet de Gevrey, nostre baillif en Bourgoigne, salut et bon amour. — Nous te mandons et comandons, en la foi et en l'amour que tu nous as, que tu porchacoies em toutes les menères dou monde, que pour emprunt que pour autre chouse, doux cent livres de tornois, et les baille à portor de ces lettres qui les porterai à la contesse nostre femme, et retien lou non dou portour de ces lettres. Et sus, tant come tu nous vuez amer ne faire chouse que nous plaise, si garde que il n'i ait faute ; et des premiers deniers que tu aras reçui ou que tu recivras de noz rantes, nos les te comperons et rabatrons tout avant. Et nous di à Guillermin, ton clerc et le nostre, que, tant come il nous vuet amer, qu'il se travailloit que ci n'ait faute. — Deux te gart. — Donné en Bracon, lou macredi devant Pâques flories, l'an M. CC. octante cinc. — Nous te prions, en l'amor que tu nos as, que tu ne nos failles mie de celes doux cenz livres.

XIII

1286. — 29 AVRIL.

Reconnaissance du remboursement de la somme de trente-trois livres avancée, tant à Narbonne qu'à Béziers [1], au comte de Bourgogne Othon IV, lors de son retour de la campagne d'Arragon [2].

(Archives du Doubs. — Résidu de l'ancienne Chambre des comptes.)

Nos Othes, cuens palatins de Bourgoigne et sires de Salins, façons savoir à touz que Huguenez de Gevrey, nostre amez sergenz, ai paiié et délivré, par lou comandemant mon sire Ode de Fonvanz, nostre chevalier, lou lundi après la seint George l'an mil doux cenz octante et six, des rantes et des issues de nostre terre, à Pierre Quainat, de Bédiers, trante et trois livres tornois qu'il fist à avoir à nos et à nos maignies à Nerbone et à Bédiers, à la revenue d'Arragon ; la quele some d'ergent nos li promatons conter et rabatre. En tesmoignaige de vertey, nos avons fait metre notre seal en ces lettres, donées et saelées à Dole par lou dit mon seigneur Odon de Fonvanz [3], nostre chevalier, l'an et lou jour dessux dit.

---

[1] Le gros de l'armée, dont faisait partie le comte de Bourgogne, était à Narbonne le 7 octobre 1285 et à Béziers le 20 du même mois. *(Scriptor. rer. francic.,* t. XXII, pp. 448, 467, 482 et 483.)

[2] Un paiement de trois cent livres tournois fut fait, en outre, à Besançon, le 6 novembre 1286, à Guillaume Cabot, citoyen et marchand de Béziers, qui, moyennant ce, donna quittance au comte de Bourgogne de tous les prêts écrits et non écrits que lui et ses associés avaient pu faire à ce prince, laissant d'ailleurs sur la conscience d'Othon les dommages supportés par eux à ce propos. Ladite somme fut versée par le banquier florentin Landuche. *(Mêmes archives, même fonds.)*

[3] Le sceau d'Eudes de Fouvent portait un écu armorié d'une fasce au chef chargé de trois fermaux, ledit écu inséré dans un cartouche formé de quatre lobes et de quatre chevrons, ceux-ci renfermant chacun une demi-fleur-de-lys issante du champ ; légende : ┤ S : ODONIS : D : FŌTISVEN̄A : CASTELLANI : D : BRACONE

XIV

1286. — 2 MAI.

Quittance relative au remboursement de la somme de cent livres empruntée par le comte de Bourgogne Othon IV au Temple de Paris.
(Archives du Doubs. — Résidu de l'ancienne Chambre des comptes.)

Nos Othes, cuens palatins de Bourgoingne et soignour de Salins, façons savoir à touz que Huguenez de Gevrey, bailliz en Bourgoigne, nostre amez sergenz, ai paiié et délivrei, par lou comandemant mon soignour Odon de Fonvanz, nostre amei chevalier, l'endemain de seint Phelippe et seint Jaque l'an mil doux cenz octante et six, à mon soignour Hugue Denegrez, cent livres de tornois pour ses deniers que nos preismes à Tample de Paris. En tesmoignaige de vertey, nos avons fait metre nostre seal en ces lettres, donées et saelées à Dole, par loudit mon soignour Odon, l'am et lou jour dessux dit.

(Petit sceau aux armoiries du comte Othon, dont le lion porte une couronne de fleurs-de-lys.)

XV

1286. — 5 MAI.

Quittance de la somme de trois livres payée de la part du comte de Bourgogne Othon IV, aux nautoniers de Dole qui avaient conduit par eau les compagnons de ce prince lors de l'expédition d'Aragon.
(Archives du Doubs. — Résidu de l'ancienne Chambre des comptes.)

Nos Heugons fiz à Maillesec, Estevenons li fiz Vienon, et Robaz Grandat, nateniers de Dole, façons savoir à touz que nos, lou diemoinche après la Seinte-Croiz en mai, l'am mil douz cenz octante et six, avons ahui et recehui de Guillemin, clerc Huguenet de Gevrey, bailli en Bourgoigne, soixante soz d'estevenant que l'on nos davoit encoir de mener mon soi-

gnour Odon de Fonvanz par aiguc aval à l'alée d'Arragon.
En tesmoignaige de vertey, nos avons fait metre en ces lettres,
lou seal de la vicairie do Dole (¹), donées l'an et lou jour
dessus dit.

XVI

1286 — 24 JUILLET.

Reconnaissance du paiement de dix livres, présent fait par le comte de
Bourgogne Othon IV au fou du comte d'Artois (²) son beau-père.
(Archives du Doubs. — Résidu de l'ancienne Chambre des comptes.)

Nos Othes, cuens palatins de Bourgoigne et sires de Salins,
façons savoir à touz que Huguenaz de Gevrey, nostre amez
sergenz et foiauls, ai paiié et délivrei, par nostre comande-
ment, des rantes et des issues de nostre terre, à Jehan lou
fol à comte d'Artoys, dix livres tornois que nos li donesmes
à Doule, lou mardi devant la seint Christofle l'an mil doux
cenz octante et six ; de la quele some d'argent nos nos tenons
pour bien paiiez, et en quitons lou dit Hugonet, et li promat-
tons rabatre de son compe. En tesmoignaige, nos avons fait
mattre en cels lettres nostre seel, donées à Doule lou macredi
devant la seint Christofle, l'an dessus dit.

(¹) Ce sceau était ogival ; le champ était rempli par une aigle éployée
surmontant un agneau ; légende : † S. VICARII DE DOLA.

(²) Le 28 avril précédent, le comte de Bourgogne, étant à Dole, avait
accordé vingt livres de blé-froment à « Jehanneaut de Fondremant, »
son ménestrier. *(Mêmes archives, même fonds.)*

XVII

1286 — 26 DÉCEMBRE.

Reconnaissance d'une somme de trois cent vingt-deux livres trois sous dépensée par le comte de Bourgogne Othon IV dans une fête donnée à Dole, le jour de Noël 1286, indépendamment de la consommation faite sur les grosses provisions.

(Archives du Doubs. — Résidu de l'ancienne Chambre des comptes.)

Nos Othes, cuens palatins de Bourgoigne et sires de Salins, façons savoir à touz que Huguenez de Gevrey, nostre amez sergenz, ai paié et délivrei por nos despens faiz à Dole, la vaille de la Nativitei Nostre Signor et lou jour, que nos i tenimes feste, senz nos blez, senz nos vins et senz nos cires, de que nos i despendimes, per lou compe fait par devant Huguenin de Cromari, nostre chambellant (¹), trois cent vint does livres et trois soz de tornois des deniers des rantes et des issues de nostre terre ; de la quele some d'ergent nos nos tenons por paiez, et les promatons conter et rabatre audit Huguenet. En tesmoignaige de vertei, nos avons fait metre nostre seal en ces lettres, données l'endemain de la Nativitei Nostre Signour, l'an M. CC. octante six.

(¹) Cet officier du comte de Bourgogne était en même temps l'un de ses importants vassaux. (GOLLUT, *Mémoires*, édit. de 1846, col. 606 et 637.) — La maison de Cromary tirait son nom d'un riche village de la rive droite de l'Ognon, aujourd'hui du canton de Rioz (Haute-Saône). Les armes de cette maison étaient de sable à quatre bandes d'argent, les 1re et 3e pleines, les 2e et 4e ondées. (DUVERNOY, *Nobiliaire du comté de de Bourgogne*, ms de la Bibliothèque de Besançon.) — Lorsque Othon IV eut érigé l'office de chambellan en fief héréditaire au profit d'Eudes de Fouvent et de sa descendance (1293), Huguenin de Cromary passa au service de Hugues de Bourgogne, frère du comte, qui le nomma, en 1312, l'un des exécuteurs de son testament. (CHEVALIER, *Histoire de Poligny*, t. I, p. 402, t. II, p. 38, 631 et 632.)

5

XVIII

1287. — 23 avril.

Reconnaissance relative à une commande de joyaux faite par le comte
de Bourgogne Othon IV à un orfèvre de Paris.
(Archives du Doubs. — Résidu de l'ancienne Chambre des comptes.)

Je Nicolas Sansse, orfèvre et bourgois de Paris, faz à savoir à touz ceuz qui verront et orront cez présantes leittres
que je hai recehu par la main de Gautier de Paris [1], clerc
de noble home mon seigneur le conte de Bourgoigne, sept vinz
et deus florins d'or pour maitre en euvre pour mon seigneur
le conte, les quiex florins desus diz nous prometons à randre
par conte ou par poiz à l'avaluée à mon seigneur le conte ou
à son comandemant, toutes les foiz que nouz en serons requis
de lui. En tesmoignaige de la queil chose, j'ai mis mon seel
en ces présentes leittres, données à Paris l'en mil deus cenz et
quatre vinz et sept, le jour de feste saint Jorge.

XIX

1288 — 16 juin.

Lettre du roi de France Philippe le Bel, portant remise, au profit du
comte de Bourgogne Othon IV, de la somme de trois mille cinq cent
soixante livres dont ce prince était redevable envers le Trésor royal
pour vivres à lui fournis pendant la campagne d'Aragon.
(Archives du Doubs. — Cartulaire de Bourgogne.)

Philippus, Dei gracia Francorum rex, baillivo Matisconensi
salutem. — Cum nos dilecto et fideli nostro comiti Burgondie,
de gracia speciali, remiserimus tria milia quingentas et sexa-

---

[1] Par un acte passé sous le sceau de l'officialité de Paris, au mois de
juillet 1281, Gauthier de Paris, clerc du comte de Bourgogne, renonça,
pour bonne considération, à la rente annuelle et viagère de vingt livres
tournois qu'Othon IV lui avait précédemment constituée sur son trésor,
ainsi qu'à l'échute de Jeannin, maire de Champey, dont ce même prince
lui avait abandonné le profit. *(Mêmes archives, même fonds.)*

ginta libras turonensium in quibus nobis tenebatur pro victualibus nostris de via Arragonis, mandamus vobis quatenus dictam pecunie sommam non exigatis a comite supradicto. — Actum Parisius, die Mercurii post festum beati Barnabe apostoli, anno Domini millesimo cc° octogesimo octavo.

XX

1289 — 5 JUILLET.

Traité d'alliance offensive et défensive conclu pour cinq ans entre Othon IV, comte de Bourgogne, et Thiébaud, comte de Ferrette, contre Rodolphe de Habsbourg.
(Archives de l'Empire, Trésor des chartes, J. 254, n° 11.)

Nos Othes, cuens palatins de Borgoigne et sires de Salins, et Thébaux cuens de Ferretes, façoms savoir à toz ces qui verront et orront ces présentes lectres que nos nos sumes enloyé et nos enloyons et fait avons enloyement entre nos encontre honourable prince Rahour, par la grace de Deu roy d'Alemaigne, et contre toz ses aydanz quel qu'il soient, jusqu'à cinc anz continuelment ensuiganz dès la confection de ces présentes lectres : en tiel manière que nos Thiébauz, cuens de Ferretes devant diz, avoms promis et promettons, par loiaul et par sollempnel stipulation et par nostre sairement doné corporelment seur sainz Evangèles, à devant dit conte de Borgoingne aydier à grant force et à petite, en nostre terre et defors et à noz propres despans et à nos propres missions, et faire plait et guerre et bouter feux contre lo roi d'Alemaigne devant dit et ancontre toz ses aidanz, por lo devant dit conte de Borgoigne ; et est assavoir que nos Thiébauz, cuens de Ferretes devant diz, avoms promis et promettons, par nostre sairement doné sor sainz Evangiles, lo devant dit conte de Borgoigne, ses genz et ses aydanz, recepter à grant force et à petite en noz viles, en noz chastealx et en noz forteresces, où que nos les ayoms, toutes foiz que nos en seroms requis de

par lo dit conte ou de par sa gent, ou cil qui en leu de nos
gouverneront nostre terre. Et nos Othes, cuens de Borgoigne
devant diz, avoms promis et promettons assimant par loiaul
et par sollempnel stipulation et par nostre sairement corporelment doney sor sainz Evangiles, aidier à grant force et à
petite à devant dit conte de Ferretes, en nostre terre et defors,
à noz propres despans et à noz propres missions, et faire plait
et guerre et bouter feus suis lo roi d'Alemaigne et ancontre
toz ses aidanz devant dit; et est assavoir que nos cuens de
Borgoigne devant diz avoms promis et promettoms, par nostre
sairement doné sor sainz Evangiles, lo devant dist conte de
Ferretes et sa gent et ses aidanz recepter à grant force et à
petite en noz viles, en noz chastelx, en noz forteresces, où
que nos les ayoms, toutes foys que nos ou cil qui seroit ou
leu de nos en Borgoigne en seroms requis, ensamble ou
chescuns par lui, dou dit conte de Ferretes, de sa gent ou de
ses aydanz. Et toutes ces choses desuis dites et chescunes d'i-
celes avoms nos promis li uns de nos à l'autre, par noz foys
et par nos sairemenz donez et touchez corporelment sor sainz
Evangiles, tenier et garder fermement sanz venir encontre
par nos ne par autrui, et suis poine de mil marz d'argent
paier et randre entièremant à celui qui ces covenances et cest
enloement devant dit tenray et guardera de par celui qui ne
les tanray ne gardera, par ensiuc come eles sont desuis devisées. Por la quel poine, se ansi estoit qu'ele fust commise
ou enchotte, ce que jà ne soit, nos Othes, cuens de Borgoigne
devant diz, avoms obligé et obligeons en la main dou devant
dit conte de Ferretes nos et les noz choses et toz noz biens
moubles et non moubles présenz et avenir, où que il les porroit trover pour panre, pour vendre et pour aliéner à sa
voluntey. Et nos Thébauz, cuens de Ferretes devant diz,
avoms obligé et obligeons aussiment en la main dou dit conte
de Borgoigne toz noz biens moubles et non moubles présenz
et à venir, où que il les porroit trover pour panre, por vendre
et por aliéner por les mil marz de poine desuis diz, se ensi

estoit que la poine fust commise ou enchoyte de par
nos, ou que nos venissiens contre les covenances desuis
dites, que jà ne soit. Et se ensi estoit que li uns de
nos gaigest l'autre por raison de la poine qui seroit commise ou enchoite, et il i façoit despans, missions ou
sostenoit domaiges por la dite poine lever, il doit estre
crehuz suis les despans, missions et domaiges par son simple
sayrement, sanz autre prueve faire. Les quex domaiges, missions et despans, li uns de nos ha promis, par loiaul et par
sollempnel stipulation, à l'autre randre et paier entièrement,
ensamble les mil marz d'argent en nom de poine desuis diz,
sanz autre raison ne allégation matre avant. Et la poine commise ou non mie commise, paié ou non paié, ces présenz
alloyemanz et ces covenances desuis dites ne se poent ne doent
deffaire ne despecier, mais doent durer en lor fermetey jusqu'à terme desuis dit. Ou tesmoignaige de la quel chose, nos
Othes, cuens de Borgoigne, et Thébauz, cuens de Ferretes,
devant dit, avoms mis noz seelx en ces présentes lectres, et
avoms prié et requis à noz bien amez nobles homes, mon
seignour Th., seignor de Rogemont, et mon seignour
Th., seignor de Nue-Chastel, que il mettent lour seelx
en ces présentes lectres, ensemble les noz seelx. Et nos
devant dit Thiébaut, sires de Rogemont, et Th., sires de Nue-
Chastel, à la requeste des devant diz contes, avoms mis noz
seex en ces présentes lectres, ensemble les lour, en tesmoignaige de toutes ces choses desuis dites. Doney lo mardi après
la feste sain Pere et sain Pol apostres, en l'an Nostre Seignour
mil dous cenz quatre vinz et nuef, ou mois de julat.

(Sceau intact de Thiébaud de Neuchâtel, et fragments des autres
sceaux.) (¹)

(¹) Voyez la description des sceaux du comte de Bourgogne, du comte
de Ferrette, du sire de Rougemont et du sire de Neuchâtel-en-Montagne,
dans l'*Inventaire des sceaux des Archives de l'Empire*, par M. DOUET
D'ARCQ, nᵒˢ 493, 337, 3467 et 3060. — Voyez une représentation du sceau
du comte de Ferrette, dans HERGOTT, *Genealogia gentis Habsburgicæ*.
t. 1, pl. XXI, nᵒ 5.

XXI

1289 — AOUT.

Quittance relative au don gratuit de cent livres fait par l'abbé de Saint-Paul de Besançon ([1]) au comte de Bourgogne Othon IV, pour aider ce prince dans sa lutte contre Rodolphe de Habsbourg.

(Archives du Doubs. — Fonds Saint-Paul, carton I, n° 47.)

Nous Othes, coens palatins de Bourgoigne et sires de Salins, façons savoir à touz cex qui verront et orront ces présentes lettres que come religiouse personne, nostre très chiers amis, Jeham, par la grace de Deu abbey de seint Poul de Besençon, nous hait doney, la sue bone merci, pour nos aidier encontre ces chevachies dou roi d'Alemaigne, cent livres d'estevenant, de que nostres amez foiaulx Thiébauz de Roigemont estoit tenuz à paier à la mi host novellement pessée, que nos de celles cent livres avons ahui et recehu dou dit abbey sexante livres d'estevenant; si que por bien paiez nos en tenons, et de tant avons quitey et quitons lui et lou dit soignor de Roigemont. En tesmoignage de la quel chose, nos avons fait matre nostre seel en ces lettres, que furent faites l'an Nostre Seignor mil cc. octante et nnef, ou mois de haost.

XXII

1289 — 25 AOUT.

Lettre de non-préjudice donnée par le comte de Bourgogne Othon IV à Thiébaud, abbé de Luxeuil ([2]), en raison de ce que ce prélat avait amené, sans y être nullement obligé, des hommes à pied et à cheval pour renforcer l'armée franc-comtoise campée à Bellevaux.

(Cartulaire de l'abbaye de Luxeuil.)

Nos Othes, cuens palatins de Bourgoigne et sires de Salins, faisons savoir à tous ces quils verront et orront ces présentes lectres que comme nostres amés cousins Thiébaud, par la

---

([1]) Jean de Sauvigney (1263-1304).
([2]) Thiébaud de Faucogney (1287-1308).

grace de Dieu abbés de Luxeu, nous ait amené les gens à pied et à cheval, tos de sa terre, en nostre service, lequel service nos tenons à grace, non pas à servitute, pour ce que ledit abbé et s'agleyse en soit sans péril, nous luy avons donné ces lettres seellées de nostre seel pendant, qui furent faites en l'an de grace mil deux cens quatre vingt et neuf, l'endemain de la saint Bartholomeis, à Bellevaud.

XXIII

1289 — AOUT.

Récit du siège de Besançon par le continuateur des *Annales Martiniennes.*
(ECCARDI *Corpus histor. medii ævi*, t. I, col. 1429.)

Rex Rudolphus misit ad comitem Burgundiæ, repetens civitatem Bisantiam cum pertinentiis suis quæ asserebat ad Imperium pertinere. Cumque comes, de subsidio regum Francorum confisus, petita restituere denegasset, rex in Burgundiam cum exercitu valido intravit et castra sua ea una parte Danubii ([1]) fixit, comes vero ex altera. Cum autem rex Francorum se ab auxilio comitis retraxisset, et eidem de concordia consuluisset, comes ad regis Rudolphi mandata veniens, civitatem et se sibi submisit, et, certis pactis inter ipsos firmatis, inter amicos Imperii familiarior est effectus.

XXIV

1289 — DU 21 JUILLET AU 2 SEPTEMBRE.

Récit de l'expédition de Rodolphe de Habsbourg en Franche-Comté, par le chroniqueur Ellenhard.
(PERTZ, *Monumenta Germaniæ historica, Scriptorum* t. XVII, pp. 130-132.)

Anno Domini 1289, crastino Margarete ([2]), profectus est dominus Ruodolfus, Dei gratia Romanorum rex, comes

---

([1]) Lisez *Dubis*.
([2]) 21 juillet.

quondam in Habichesburg, anno regni sui 16, contra archie-
piscopum ([1]) et civitatem Bysuntinensem, Ottynum, comitem
Buorgundie, ac generaliter contra omnem Galliam, causa
reipublice, id est ad recuperandum honorem et bonam famam
tocius Theutunie. Que fama denigrata fuit et odor bonus
Alemanie mutatus in fecem, propter detestandam fugam
episcopi Basiliensis et eorum qui cum eo erant in conflictu
contra comitem de Montpeiliart et suos ; qui, nunquam eva-
ginato gladio, nec vultum defensionis habentem, fugam
dedit.....

Habuit enim prefatus dominus Ruodolfus rex, in expeditione
predicta, sex milia equitum, quorum duo milia et trecenti
fuerunt valerati, et centum milia peditum et 18 milia, cum
300 curruum et bygarum.

Intravit itaque potenter Galliam, et obsedit civitatem
Bysuntinensem metropolitanam, destruxit segetes civitatis
ejusdem et vineas devastavit, municipia et villas exussit et
depopulavit, ac multas insolentias, favente eum divina cle-
mentia et exigente partis adverse malitia, in ipsa Gallia
perpetravit ; necnon universaliter ipsam Galliam, arridente
sibi fortuna, depopulatione hominum, ablatione rerum, mac-
tatione pecorum, exustione domiciliorum et penis aliis infinitis, flagellavit.

Tandem, post multa et innumerabilia tormenta ipsi Gallie
genti illata, Otynus, Burgundie comes, una cum suis com-
plicibus videlicet et fautoribus : domino Roberto regis Francie
patruo ([2]), archiepiscopo Bysuntinensi, comite de Schaluns ([3]),

---

([1]) L'archevêque de Besançon ne parait avoir joué aucun rôle dans ces
événements ; nous avons dit le pourquoi.

([2]) Robert II, duc de Bourgogne, parent de tous les princes qui étaient
en jeu dans cette lutte, dut se contenter de veiller sur ses frontières.

([3]) Jean de Chalon-Arlay, loin d'être avec les confédérés, assistait
Rodolphe comme principal lieutenant.

comite Artusensi (¹), comite Campanie (²), comite de Savoi (³), comite de Insula (⁴), comite de Pferreto (⁵), comite de Montpeiliart (⁶) et domino de Ruogemant (⁷), et alii infiniti nobiles et comites et quam plures episcopi, quorum ignorantur nomina, — plures etiam ex nobilibus Alemanie contra suum honorem et totius Theutunie ibidem cum Gallicis aderant, dominus videlicet Waltherus filius comitis de Veldenze (⁸), dictus de Geroltzeke, ex alia parte Reni (⁹), qui postea non modico tempore vitam finivit extremam, et dictus Conradus-Wernheri junior de Hadestat (¹⁰), qui postmodum per dominum Ruodolfum regem redditibus suis et officio constituendi scultetum in opido Slestat fuit destitutus omnino, ipsius exigente excessu, — metati sunt castra et tentoria extra civitatem Byzuntinensem, ad duo pene miliaria infra quendam montem altum et silvam, et vallaverunt se fossatis et abscisis magnis arboribus infinitis, simulantes se velle opponere preliis contra regem Dei gratia Romanorum.

Principes vero Alemanie illustres, qui cum ipso rege ade-

(¹) Robert II, comte d'Artois, était le beau-père du comte de Bourgogne et la créature dévouée de Philippe le Bel.

(²) Il n'y avait point alors de comte de Champagne : cette province était le domaine patrimonial de la femme de Philippe le Bel.

(³) Le 7 août 1289, Amédée IV, comte de Savoie, avait promis d'assister le comte de Bourgogne, mais en se réservant de ne pas intervenir contre l'empereur. (Arch. du Doubs, anc. Chambre des comptes, B. 272.)

(⁴) Il s'agit de Thiébaud de Neuchâtel-en-Montagne, seigneur de l'Isle-sur-le-Doubs.

(⁵) Thiébaud, comte de Ferrette.

(⁶) Renaud de Bourgogne, comte de Montbéliard, frère du comte Othon.

(⁷) Thiébaud, seigneur de Rougemont en Franche-Comté. Il avait été régent de la province pendant l'expédition du comte Othon IV en Aragon.

(⁸) Veldenz, bourg à château situé sur l'Interbache, affluent de la Moselle, était le chef-lieu d'un petit comté enclavé dans l'archevêché de Trèves.

(⁹) Geroldseck-en-Ortenau, seigneurie située sur la rive droite du Rhin, en face de Strasbourg.

(¹⁰) Hattstatt, canton de Rouffach, département du Haut-Rhin, était au XIIIᵉ siècle une seigneurie allodiale.

rant in honorem Germanie regionis, dominus videlicet Conradus de Lietenberg, Argentinensis episcopus([1]), qui magnum ibidem habuit exercitum et multam cum laude militiam, et alii nobiles Alemanie, necnon de civitate Argentinensi quadraginta milites equis valeratis et eorum familia, existentes in cacumine montis, videntes eorum adversarios sicuti barones ad bella dispositos, licet tamen nulli omnino hominum patere posset aditus ad eosdem, nisi per magna dispendia variaque pericula et cedem hominum magnam, pre nimia tamen belli letitia, ipsi principes Alemanie, more Theutunicorum, in eorum adversarios furere volentes; sed rex prudentissimus eos a tam cruenta cede cohibuit dicens : quod manus suas nulla tergiversatione possent effugere, nisi per omnia pro libitu sue voluntatis secum componerent, sibique terram traderent et eam in feodum ab eo reciperent.

Hoc videntes, Gallici, fugere nescientes quia non patebat eis locus, considerantes quod detrimentum eis esset se comittere manibus Theotunicorum, quia parcere non consueverunt, vel quod ab eisdem discerent fugere, licet non possent; tandem vero, post multa et varia Gallie gentis tormenta, comes dictus de Schaluns tractare cepit de pace inter dominum Ruodolfum, regem Romanorum, et comitem Buorgundie. Et cum ipse comes pro pace laborasset et ad aspectum regis pervenisset, rex in optione dedit eis tria : vel quod a facie sua fugerent et se in concavis municipibus sibi derelictis reponerent, vel quod conflictui se exponerent, vel quod saltem ad optatum ipsius regis cum eo componerent. Quod et factum est. Submiserunt se per omnia gratie ipsius regis, et, tactis sacrosanctis, juraverunt venire ad civitatem Basiliensem, super fluvium Reni, ad terram sacri Imperii, et ibi componere promiserunt sub juramento predicto cum rege antedicto. Que omnia ad debitum perducta fuerunt effectum. Comes autem Burgundie omnem terram ejus ad manum ipsius regis resignavit, et eam humiliter in feodum recepit.....

([1]) Conrad de Liechtenberg (1273-1299.)

In expeditione autem predicta, incipiente crastino Margarete et durante usque ad feriam sextam post Adelfi ([1]), caristia
rerum inexcogitatarum magna fuit orta, ita videlicet, quod
unum ovum galline venderetur pro 9 denariis, ferrum equi
pro solido et quandoque pro quinque solidis, et clavus equi
pro sex denariis, bos pro 5 solidis, una nummata panis pro
tribus magnis turonensibus, due oves pro uno ovo, quatuor
porci pro uno solido et lectus pro 5 solidis ; nec tamen aliquis
in tanta penuria ex parte ista ratione famis interiit, sed ex
parte adversa infiniti.

In expeditione autem predicta, rex antedictus Alemanie
militiam in quadringentis minus quadraginta militibus aug-
mentavit, id est eos in novos milites procreavit.

XXV

Récit de la campagne de Rodolphe de Habsbourg en Franche-Comté,
et tout spécialement du siége de Besançon, par le chroniqueur Albert
de Strasbourg.
(URSTISII *Germaniæ histor. illust.*, II, p. 104.)

In diebus illis, cum Petrus, Basiliensis episcopus ([2]), habens litem cum Gallicis vicinis, succubuisset in conflictu,
militum præsertim Basiliensium magna multitudine captivata,
rex Rudolfus, pro illorum recuperatione veniens, Bisuntium
potenter obsedit, ubi, manicas wambasii sui fractas cum novis
peciis reparans, dedit exemplum aliis ita faciendi.

Dux ([3]) autem Burgundiæ, cum omni quasi potentia Gallicorum, cum exercitu maximo, se posuit contra regis exercitum,
ne regi victualia possent afferri : ita quod uno die regis exercitus in victu defectum maximum est perpessus. Videns autem
rex rapas in campo, rapam unam rasam comedit : quod vi-

([1]) 2 septembre 1289.
([2]) Pierre Reich de Reichenstein (1286-1297).
([3]) Lisez *Comes.*

dentes alii, admirati de eo, omnes quodammodo rapis sunt saturati.

Rex autem, retrocedens ad Gallicorum exercitum in valle positum juxta ripam, in montem desuper se recepit, ita quod unus exercitus in alterum posset reespicere. Et in sero tractans cum satrapis suis de ineundo mane conflictu, cum quidam ex eis miraretur, addens de quo vivere vellent? rex ipsum inanem habere curam, respondit dicens : « Si ipsos vicerimus, victualibus eorum vescemur; si nos vicerint, cum nobiles sunt, dabunt victum captivis. » Ipsisque sic tractantibus, nox accessit.

Erat autem tumultuosum murmur in exercitibus, ut moris est. Et ecce quidam de Suitia, quorum rex mille ducentos habuit, soliti currere in montanis, descendentes montem, irruerunt in castra Theobaldi, comitis Ferretarum, qui fuit adjutor in acie Gallicorum, et aliquibus occisis, ipsius spolia deferendo et plurima laniando : ita quod in valle facta est commotio clamorosa.

Gallicis quoque tractantibus de præcludendo regi discessu, cum arbitrarentur se propter eorum multitudinem, et quia non erat aptus descensus ad eos, securos a conflictu, quidam ex eis dixit : « Nosco regem talem, et si deberet manibus et pedibus repere, nos invadet. » Sicque timentes, diluculo solennes ad regem pro concordia nuntios destinarunt.

Cumque rex aliud nollet nisi ante omnia captivis libere restitutis, dux et majores Burgundiæ se Basileam corporaliter præsentarunt, ibi de concordia tractantes, vasalli Imperii quoque, præstita fidelitate, sunt de regalibus investiti.

Dicitur etiam regem in ipso exercitu dixisse se, in qualibet mundi parte, cum electis quatuor galeatorum et quadraginta peditum armatorum de Alemannia millibus, stare invictum, æstimans hos omnem multitudinem aggressuros.

XXVI

1289 — JUILLET ET AOUT.

Mention de la campagne de Rodolphe de Habsbourg en Franche-Comté, extraite de la *Chronique de Colmar*.
(PERTZ, *Monumenta Germaniæ historica, Script.* t. XVII, p. 255.)

1289. — Rex Romanorum Ruodolphus de Habispurg centum milia hominum peditum congregavit et triginta milia equorum falleratorum. Comitem Montis-Bilgardis obsedit, et tribus septimanis terram Gallicorum cum potentia devastavit. Galli vero contra eum congregati expellere non audebant. In hac expeditione dominus episcopus Argentinensis 300 milites habebat et 100 bigas seu currus, qui ei necessaria comportabant.

XXVII

1289 — 22-29 AOUT.

Récit du siége de Besançon, écrit par un contemporain, citoyen de cette ville.
(CASTAN, *Origines de la commune de Besançon,* dans les *Mémoires de la Soc. d'Emul. du Doubs,* 3ᵉ série, t. III, 1858, pp. 315-316.)

Anno Domini M° CC° octogesimo nono, mense augusti, in octabis Assumptionis beate Virginis, Radulfus, rex Romanorum, obsedit civitatem Bisuntinam cum innumero exercitu Teutonicorum, et fixit tentoria sua in pede montis qui dicitur mons *Mandelier,* justa Dubium; nec propter ipsum unquam fuerunt clause porte civitatis. Qui rex stetit in obsidione per octo dies, et quia vidit quod non poterat habere civitatem nec ei aliquod dampnum inferre, nona die cum exercitu suo recessit. Dum fuit ibi, aliquas vineas scindendo vastavit. Et hoc scripsi ut posteris innotescat.

XXVIII

1289 — 4 septembre.

Acte du pardon octroyé par Rodolphe de Habsbourg au comte de Bourgogne Othon IV, en échange d'un hommage à l'Empire germanique.
(Archives de l'Empire, Trésor des chartes, J. 250, n° 2.

Nos Rudolfus, Dei gratia Romanorum rex semper augustus,
notum facimus universis quod nos omnes actiones, querelas
seu reclamationes que vel quas habemus vel habere possumus
et debemus, ratione Romani Imperii vel aliunde, erga Otto-
nem, comitem Burgundie palatinum et dominum Salinensem.
tam ratione sui quam antecessorum suorum, eidem comiti et
heredibus suis, auctoritate nostra et Romani Imperii nobis
commissa, remisimus et remittimus et quitavimus, cum nobis
homagium ligium fecerit ante omnes, et omnia feoda que an-
tecessores sui a Romanis imperatoribus tenuerunt vel tenere
consueverunt temporibus retroactis a nobis receperit; et si
contingeret invenire aliquas sententias, interlocutorias seu
diffinitivas, seu aliud aliquod judicium contra dictum comitem
vel heredes suos a nobis seu auctoritate nostra promulgatas
seu promulgatum, nos ipsas vel ipsum revocamus, et dictum
comitem et heredes suos inde penitus quitamus et absolvimus
presentium testimonio litterarum. Datum in castris prope ce-
nobium Ballevallis, Cisterciensis ordinis, Bisuntine diocesis,
II nonas septembris, indictione secunda, anno Domini m° cc°
lxxx° nono, regni vero nostri anno xvi°.

(Grand sceau impérial) (¹).

(¹) Voyez une image de ce sceau dans Herrgott. *Genealogia gentis
Habsburgicæ,* t. I, pl. XVII, n° 10.

XXIX

1289 — SEPTEMBRE OU OCTOBRE.

Donation faite par Aimé de Faucogney, sire de Villersexel [1], à l'abbaye
de Bellevaux, d'une rente de quarante sous, pour sa part d'indemnité
des dommages causés à ladite abbaye par suite du séjour que l'armée
du comte de Bourgogne venait d'y faire.

(Bibliothèque de Besançon. — Collection Duvernoy.)

Je Haymés de Faucogneis, sires de Viler-Seyxel, faiz savoir
à touz que je hai donné et doin à l'abbé et à covent de Belle-
vax, por le remède de m'arme et por restitution des domaiges
qu'il hont hau et sostenu, por chief de l'ost mon seignor le
conte de Borgoingne qui est hauz logiez sor lour, quarante
soz d'estevenans ou de monoe corsable en l'arceveschie de
Besençon, à recevoir tozjors mais chescun an, en mes rantes
de foyre de la feste de la Magdelaine, celui mesme jor; et
commandons à nos recevour desd. rentes que il, sans atendre
autre commandement que cestui de ces présentes lettres,
baillent et delivrent à commandement de Bellevaux, chascun
an à dit jor, franchement les dix XL soz. En tesmoignaige de
vérité, nos avons baillié à dit abbés et à covant de Bellevaux
ces présentes lettres saellées de nostre seel pendant, que furent
faites et donées en l'an Nostre Seignor M. CC. quatre vingt et
neuf.

---

[1] Cet Aimé de Faucogney, chef de la branche de Villersexel, était
cousin germain de celui du même prénom qui figure dans notre *Pièce
justificative* n° V. (DUNOD, *Histoire du comté de Bourgogne*, t. III, p. 66;
GUILLAUME, *Histoire des sires de Salins*, t. I, p. 96.)

XXX

1290 — 24 MAI.

Supplique de l'abbé de Citeaux au Pape, contenant un récit des ravages
faits dans le diocèse de Besançon par l'armée de Rodolphe de Habsbourg (¹).

(DUNOD, *Histoire du comté de Bourgogne*, t. II, pp. 603-604.)

Sanctissimo patri ac domino nostro Dei gratiâ sacrosanctæ
Romanæ ac universalis Ecclesiæ summo Pontifici, frater
Thomas (²), Dei gratia abbas Cistercii, ejus devotus filius,
debitæ pariter ac devotæ subjectionis obsequium et pedum
oscula beatorum.

Quod scimus loquimur, quod vidimus hoc testamur ; ne si
visa celare voluerimus, sceleris arguamur.

Nuper siquidem per Bisuntinam provinciam transitum
facientes, ecclesiam Bisuntinam, quondam opulentam et in-
clitam, omni laude et veneratione dignissimam, vidimus, non
sine magno compassionis affectu, multipliciter et in multis
molestatam et diversis gravaminibus aggravatam : adeo quod
nisi Vestra Sanctitas manum ei compassionis extendat et ei
remedium salutaris auxilii apponat, vix umquam resurgat.

Et ut pauca referamus de multis quæ Sanctitatem Vestram
ad compatientiam valeant invitare :

Supradicta ecclesia decimam omnium proventuum suorum
solvit per sex annos continuos, constituto in concilio Lugdu-
nensi subsidio Terræ sanctæ ; solvit insuper per quatuor

(¹) Cette supplique avait pour but de faire exonérer le diocèse de
Besançon du décime que le pape Nicolas IV, par une bulle du 31 mai
1289, avait autorisé Philippe le Bel à prélever, pendant trois années
consécutives, sur les bénéfices ecclésiastiques des diocèses où se parlait
la langue française. — Voyez les actes relatifs à cette concession, publiés
et commentés par M. BOUTARIC. (*Notices et extraits des manuscrits*, t. XX,
2ᵉ partie, pp. 88-103.

(²) L'éditeur primitif de ce texte a fait erreur en traduisant par *Thomas*
les initiales TH. du document original : c'était *Theobaldus* qu'il fallait
lire. (Vid. *Gallia christ.*, t. IV. col. 997.)

annos decimam prædictorum suorum reddituum domino regi Franciæ concessam pro negotio Arragoniæ Valentiæque regnorum (¹); insuper solvit per sex annos quartam partem suorum reddituum pro procurationibus reverendi patris domini F. V. (²), sanctæ Ceciliæ presbyteri cardinalis, tunc apostolicæ sedis legati, quam ratione visitationis consuevit persolvere, cum aliqua est ratio visitationis seu alterius expediendi negotii in diœcesi vel provincia Bisuntina.

Ad cumulum vero desolationis majoris, tertia septimana mensis augusti nuper præteriti, quando fruges consueverunt recolligi, Rodulfus, Dei gratia rex Alemaniæ, cum exercitu copiosæ multitudinis militum et peditum, civitatem Bisuntinam obsedit, et prædictum exercitum in medio vinearum circumadjacentium collocavit, de quibus nonnullæ erant propriæ ecclesiæ prædictæ, aliæ decimales, aliæ censuales; quas quidem vineas, tam exercitus quam bernarii dicti regis vastaverunt, exciderunt et adeo reddiderunt inutiles : quod damnum ad summam triginta millium librarum turonensium extitit æstimatum. In adventu quoque, mora et recessu dicti regis et sibi assistentium, villæ præfatæ ecclesiæ bonis suis mobilibus fuerunt totaliter spoliatæ, et tam villæ prædictæ quam earum ecclesiæ incendio devastatæ, campanæ de campanalibus violenter depositæ et asportatæ, viri tam seculares quam ecclesiastici, nec non mulieres cum parvulis, capti, nudati, et nonnulli misere interfecti.

His et pluribus aliis gravaminibus, quæ causa brevitatis omittuntur, ecclesia prædicta, verum et aliæ ecclesiæ Bisun-

---

(¹) Sur ces deux levées de décime, la première concédée par Grégoire X en 1274, la seconde par Martin IV en 1284, voyez la *Table* de Robert Mignon, dans le *Recueil des historiens de France*, t. XXI, p. 524, et le commentaire précité de M. Boutaric.

(²) Ces initiales résultent d'une double erreur de lecture ou d'impression. Le document original donnait, à leur place : I. TT., sigles abréviatifs des deux mots *Joannis tituli*. En effet, le légat apostolique, cardinal-prêtre du titre de Sainte-Cécile, dont il est ici question, se nommait Jean : c'était le cardinal Cholet.

tinæ diœcesis, adeo sunt gravatæ quod non possint distribu-
tionibus consuetis satisfacere, et vix inveniatur qui velit in -
ipsis personaliter residere.

Quocirca Sanctitati Vestræ humiliter supplicatur, quatenus
illud dignetur remedium adhibere quod Christo sit accepta-
bile, servis suis utile et prædictæ civitatis devoto populo
salutare.

Conservet vos omnipotens Deus Ecclesiæ suæ sanctæ.

Datum ix kal. junii, anno m. cc. xc.

XXXI

1290 — 15 février.

Engagement pris par Richard d'Auxelles de concourir à la défense de
la ville de Besançon, avec neuf gentilshommes montés et armés, tant
que dureront les hostilités entre cette ville, d'une part, Rodolphe de
Habsbourg et Jean de Chalon, d'autre part : en échange de quoi,
Richard recevra de la commune six cents livres pour frais d'équipement, plus cinquante sous de solde par jour de service, et le rempla-
cement des chevaux qu'il perdrait en bataille.

(Archives de la ville de Besançon)

Nos Rechars, chevaliers, sires d'Acelle, façons savoir à toz
que come descorz fust et apparisset estre entre très eccellant
et puissant prince Raol, par la grace de Deu roy des Romeins,
monseignor Jahan de Chalon, seignor d'Allay, et lour aidanz,
lour force et lour pooir, d'une part; et les citiens et la cité de
Besançon, les lourz, lour aidanz, lour pooir et lour force,
d'autre; et de ceu apparisse que guerre et dissensions doie
estre entre les dites parties; nos devant diz Rechars avons
promis et prometons as diz citiens, par sollempnée stipulation
et par nostre soirement fait et doné sor seinz Euvangèles, que
de tout le descort, dissension, guerre et querele que sara
entre les dites parties, que nos sarons aidant et consoillanz as
diz citiens et à la dite cité et à toz lour aidanz contre le devant dit roy et contre le devant dit Jehau et contre toz lour
aidanz : en tel manière que jusque à fin de querele que nos

demorerons deanz la dite cité, a nostre nos diesme de gentis
homes [1] montez et armez, por faire le servise et le proffeist de
la dite citei, et que aurons du dit compe de genz nos tiers de
chevaliers et sept escuiers. Et li dit citien, por ceu faire, nos
doivent doner sex cent livres d'estevenans por noz mesmes
monter et atirier, c'est asavoir : doux cent livres à la pruchenne méquareime, et doux cent livres à la Penthecoste
venant pruchennement, et les autres doux cent livres à la
feste saint Bartholomé pruchennement ensegant. Et nos
doient doner li dit citien chescun jor por nostre despens,
tant con nos demorerons deanz la dite cité, cinquante solz
d'estevenans. Et s'einsinc estoit que li dit citien vossissent
forfaire sus notre amé seignor Othon, conte palatin de Borgoingne et seignor de Salins [2], nostre cors ne doit pais aler à
dit forfait forsque noz genz, se ne est en deffendant ladite vile
et les diz citiens. Et se einsinc estoit que nostre maison d'A-
celle fut asaigié, nos poons saillir de la dite cité por cele be-
soigne tant con li siéges dureroit. Encor est asavoir que se
nos avec les diz citiens perdiens noz chevax en fait d'armes,
il sunt tenu du rendre et de nos restorer. Et se trée, sofferte
ou porprise se prenoit entre les dites parties, où li volontez des
diz citiens estoit de nos soffrir de demorer à Besançon, nos,
le terme pendant la dite trée, porprise ou sofferte, ne davons
avoir nuns des diz cinquante soz chescun jor. Et davons revenir à lour velonté en la dite citei por faire lour servise ansi
come devant. En tesmoignaige de ceste chose, nos avons mis
nostre sael pendant en cez latres, et avons prié et requis dis-
creit home l'offecial de la cort l'arcediacre de Besançon que
mete le sael de la dite cort, ensamble le nostre sael, en cez
latres. Et nos Offeciaux de la cort l'arcediacre de Besançon, à
la requeste du dit Rechart, seignor d'Acelle, qui toutes cez

---

[1] C'est-à-dire avec dix gentils-hommes, nous compris.
[2] Richard d'Auxelles était vassal du comte de Bourgogne pour le
fief de Sainte-Marie-en-Chaux. *Archives du Doubs, anc. Chambre des
comptes. S. 122.*

covenances hai promis à tenir as diz citiens ansi com eles
sunt desus escriptes et devisées et par son seirement, avons
mis le sael de nostre dite cort en cez latres en tesmoignaige
de vérité. Ceu fu fait et doné à Besançon le mecredi devant
les Bordes, en l'an de grace qui corroit par mil doux cenz et
octante et nuef, ou moys de février.

(Signé) P. LANDRIZ.

(Sceau de l'official absent. — Sceau endommagé de Richard d'Auxelles
en forme d'écu, ayant au centre un blason à trois bandes, et en légende :
. MONSI RE........ CELLE

XXXII

1290 — 15 février.

Cautionnement fourni par six notables citoyens de Besançon, pour
garantie du paiement de la somme de six cents livres promise à
Richard d'Auxelles, en échange du service de guerre que ce seigneur
s'engageait à faire dans l'intérêt de la défense de la cité.
(Archives de la ville de Besançon.)

Nos Amiaz diz de Choys, Amiaz Varins, Guioz de Roiffey,
Henris de Biaune, Jahanz Bonvalez et Odins Michiel, citien
de Besançon, façons savoir à toz que nos nos sumes establi
plaige, dator et rendour principals en la mein de noble home
mon seignor Rechart, seignor d'Acelle, chevalier, por la université de la cité et des citiens de Besançon, de sex cent livres
d'estevenens, c'est asavoir chescuns de nos de cent livres, les
queles nos avons promis à dit Rechart, par sollempnée stipulation et par nostre soirement fait et doné sus seintes Euvangèles toichies, rendre et paier as termes ci après devisez :
c'est asavoir à la pruchenne méquaroime doux cent livres, et
de cestes sunt tenu et obligié nos Henris de Biaune et Odins
Michiel ; et à la Penthecoste pruchennement venant doux
cent livres, et de cestes sunt tenu et obligié nos Guioz de
Roiffey et Jannins Bonvalez ; et à la feste seint Bartholomé
les autres doux cent livres, et de cestes sunt tenu et obligié

nos Amiaz de Choys et Amiaz Varins ; en laquele some d'argent la dite cité et li dit citien sunt tenu à dit Rechart por le servise que li diz Rechart hai promis et doit faire à la dite cité et as diz citiens. En tesmoignaige de laquel chose, nos avons baillié à dit Richart cez latres saalées de nos seals pendanz, et avons priié et requis l'offecials de la cort l'arcediacre de Besançon que mete le sael de la dite cort en cez latres, aveques les noz seals. Et nos Offeciaux de la cort l'arcediacre de Besançon, à la requeste de citeins desus nommez qui ont promis par lour soiremenz faire paiement à dit Rechart des diz deniers ansi com il est desus devisé, avons mis le sael de nostre dite cort en cez latres en tesmoignaige de vérité. Ceu fu fait et doné à Besançon le mecredi devant les Bordes, en l'an de grace qui corroit per mil doux cenz et octante et nuef, ou moys de février.

(Sept petits sceaux pendants sur double queue de parchemin) (¹).

(¹) 1º Sceau rond de l'official de l'archidiacre de Besançon, offrant au centre l'aigle de saint Jean et le bras de saint Etienne, et en légende : .... CVRIE G. ARCHID .....

2º Sceau rond composé d'une intaille représentant Sisyphe ébranlant son rocher, avec cette légende : † ..... AMIAT VARIN.

3º Sceau en forme d'écu : au centre un écusson à une bande chargée de trois quintefeuilles ; dans la bordure ces mots : † S. [*Guio*]T. D̄. RO [*iffey citien*]S. D̄. BESĒCŌ.

4º Sceau rond : au centre une coupe avec son couvercle ; légende : S. HENR[*i de Biaune citien de Besenço*]N.

5º Sceau rond représentant un griffon entouré de cette légende : LE SEEL IEHAN [*Bonvalez*].

6º Sceau rond absolument fruste.

7º Vestiges d'un sceau rond à deux figures d'Adam et d'Eve (?) ; légende se terminant par : ..... S D. BISENCON.

Les sceaux nᵒˢ 3 et 4, qui sont armoriés, bien qu'ils aient appartenu à de simples bourgeois, viennent à l'appui de la théorie, si bien fondée, que les armoiries n'étaient pas, au moyen âge, le privilége de la noblesse. (Voyez le travail produit sur cette question par M. le colonel DE MANDROT, dans les *Mémoires de la Société d'Emulation du Doubs*, 4ᵉ série, t. III, 1867, pp. 299-305.) Les juifs eux-mêmes usaient de figures héraldiques pour illustrer leurs sceaux. Nous citerons comme preuves les sceaux des juifs Menessier et Moiroud, de Dole, qui pendent à une quittance

XXXIII

1290 — 2 AVRIL.

Lettre missive du comte de Bourgogne Othon IV, écrite de Pontarlier
à la commune de Besançon, en réponse aux sommations que lui faisait
celle-ci de venir, comme gardien, la défendre contre Jean de Chalon,
lieutenant de Rodolphe de Habsbourg : le comte explique l'impossi-
bilité où il se trouve de prendre une attitude agressive contre l'Empire
dont il est l'homme-lige ; tout ce qu'il peut faire c'est de s'entremettre
pour obtenir à la commune une paix honorable.

(*Arch. de la ville de Besançon : Registre municipal* I, fol. CLXVIII.)

Cou est li trancrist des latres lou conte de Borgoingne,
qu'il nos en voiai lou jor de Paisques, l'ant qui corroit par
M. CC. et IIII XX X anz (¹), sor tel forme :

Othes, cuens palatin de Borgoingne et sires de Salins, à
nobles homes noz très chiers amis l'Universitey et les prodomes de Besençon, salut et veraie amour. — De cou que
mandé nos avez come de la boissoingue que vos avez à faire
à roy d'Alemaigne et à mon seignour Jehant de Chalon,
nostre uncle, saicheiz certenemant que de cou nos henmuie
moilt acertes, et moilt volentiers nos traivaillerons de maistre
entre vos et lui bien et la pais : et bien craions que nos ha-
riens povoir sor mon seignor J., nostre uncle, de la pais, se
nos l'aivieus si bien sor lou roy. Por la quel chosse, nos vos
louerions que vos haussiez bon conseil entre vos de escorder
et de faire pais à lour, quar nos entendons que cou sarai
vostres biens et vostres profist : et nos maismes nos en traivaillerons, por l'amour et por ce que tenuz en soumes, moilt
acertes, et hi mastrons tant du nostre que vos vos en dariez
tenir à paiez, et que vos verreiz bien que nos en farons bien

---

du 11 septembre 1276. Le premier de ces petits monuments représente
une aigle éployée, entourée de cette légende : † S. MENESIER IVE
DE DOLE ; le second, moins intact, offre un lion rampant, avec cette
légende : † S. MOIROVDI IVDE [*i Dolan*]I.

(¹) 2 avril 1290.

nostre davoir. Vos savez bien que li rois d'Alemaigne est nostres sires liges devant touz autres : em nom d'emperaour à la
corone de l'Empère, toutes foies que lui plerai por lui, nos
ne li povons pais faillir de moilt de choses, se il les nos re-
quiert encontre vos. De cou que mandé nos avez que nos,
par nostre foy et par nostre saremant que jurie havons, que
nos vos aidons et que nos vos en mandons nostre velunté,
de cou vos respondons nos : que se vos fuissiez si saige come
vos deussiez estre, vos ne nos haussiez pas cou mandé; que
nos ne veimes uniques la latre que vos avez de nos, mais lai
sallai li daiains de Besençon, cui Dex assoille, sanz cou que
nos n'i estiens; mais nos deussiez envaier lou trancrist saelé
de seal de prodome, et se nos ne fiaissiens adonc nostre davoir,
selonc que latre devisse, se nos peussiez adonc mander vostre
velunté. Nostres Sires vos gart. Donéies à Pontellie la voille
de Paisques. Amen, amen.

XXXIV

1290 — 24 AVRIL.

Trêve de trente-cinq jours conclue entre la commune et Jean de Chalon,
par l'entremise de Gauthier de Monfaucon et Simon de Montbéliard :
moyennant quoi, pendant ledit laps de temps, les Bisontins pour-
ront, sans danger pour leurs personnes et leurs biens, s'approvisionner
et vaquer à la culture dans toute l'étendue du territoire de Besançon,
ainsi que dans les villages voisins où ils avaient des propriétés :
Richard d'Auxelles et ses compagnons sont compris dans cet arrangement.

(Archives de la ville de Besançon.)

Nos Vatiers de Monfalcon et Symons de Montbiliart, sires
de Cusel, chevalier, façons savoir à touz celx qui verront et
orront ces présantes letres que nos, con gentil home et léal
chevalier, prometons et coignossons en ces présantes letres
nos avoir promis en bone foi ès citiens de Besençon et ès
habitanz demoranz en la dite cité faire, porchacier et procurier
que nobles hons messires Jehanz de Chalon, sires d'Allay, et

messi Thiébaz, sires de Varre (¹), par lour ne par autrui de
lour aidanz, ès devant diz citiens et ès habitanz demoranz en
la dite cité, max, domaiges ne desavenanz, force, violance,
enjure ne torz faiz , en lour persones ne en lour choses ne en
lour biens, en terres, en bois, en veignes, en eas ne en autres
choses, ne feront ne porchaceront faire ne à dire, par lour ne
par aucun des lour, ne à celx de fuers la dite cité qui aporte-
ront viandes ou non porteront en la dite cité, c'est asavoir
dois lou tans que ces letres furent faites jusque à l'uytive de
ceste pruchainne Panthecoste, deanz les leus et les termes ci
desoz escriz : c'est asavoir dois lou melin de Goilles (²) et la
malaitière d'Arguel (³) à deçai de Besençon, et s'an vai la
devant dite sehurtez dois ladite malaitière à pardefuers d'Arguel devers Besençon, ainsi con totes les vignes se portent, et
parmé la vile de Buyres (⁴) jusque à melin monseignour
Girart d'Arguel, chevalier; et dois lou dit melin trait par
devant Fontens (⁵), sanz antrer à Fontens, jusque ès croiz que
partent les bois d'Aillant (⁶) entre les diz citiens et monsi
Girart desus dit, saul ce que les viandes que venroient par lo
dit bois d'Aillant à Besençon, se prises estoient ou dit bois
ainçois que passé eussient lou leu c'on dit *en la fotuyre*, li
dit citien ne auroient raison ou requérir ; et s'an revai la dite
sehurtez et trait apardevant lou leu qu'est apelez lou veille
Monfalcon, et dessent ceste sehurtez jusque en droit de Cha-

(¹) Le château de Vaire, d'où ce seigneur tirait son nom, est situé
dans la vallée du Doubs, à 13 kilom. en amont de Besençon. — Voyez,
sur la famille de Vaire, Duxon, *Histoire du comté de Bourgogne*, t. III,
pp. 294-295.

(²) Gouille, établissement métallurgique actuel, sur le Doubs, à 7 kil.
de Besançon.

(³) Arguel, château fort, à 8 kilom. de Besançon, l'une des clefs de
cette portion de la vallée du Doubs.

(⁴) Beurre, à 5 kilom. de Besançon, village dépendant de la seigneurie
d'Arguel.

(⁵) Fontain, à 9 kilom. de Besançon.

(⁶) Le bois d'Aglans, dont une partie est restée propriété communale
de Besançon.

lesueles (¹) ; et s'an revai ansi ladite sehurtez tout contremont
la revière de Dou jusque à defuers de tote la vile de Tyse (²)
qu'est de la dite sehurté, et trait par un chasne soignié qu'est
entre les prez et les chans de Tyse, et an est touz li bois de
Chaillous (³) et tote li coste du dit bois de Chaillous qui giète
ea par devers Besençon jusque à mostier de Talenay (⁴), et
dois Talenay jusque deanz tote la vile de Valantin (⁵), et dois
Valantin jusque à l'entrée de Mesirey (⁶), et dois Mesirey
jusque touz deanz tote la vile de Poilley (⁷), et tote la coste
de Poilley tout ansi con ele giète ea devers Besençon et
d'autre part, et trait dois Poilley ès combes de Serre (⁸) et
de Fresnoy (⁹) sanz antrer ès dites viles de Serre et de Fresnoy, et trait dois les dites combes par un chaigne qu'est
soigniez qui est adefuers du bois de Cran, et dois lou dit
chaigne trait adefuers la vile d'Avanne (¹⁰), sauf ce que cil de
Besençon qui ont enqui lour vignes puient en la vile d'A-
vanne panre lour marrin et lour autres choses nécessaires. Et
se li dit citien de Besençon avoient, outre les termes desus
diz, prez, vignes ne chans, cultiver les puient par l'essure-
mant devant dit. Et s'il avenoit, que jai ne soit, que deanz les
lens devant diz, deanz la devant dite huytive, li devant dit
messi Jehanz et Thiébaz, par lour ou par autrui ou par lour
aidanz, ès devant diz citiens ou ès habitanz demoranz en la
dite cité, ne à ces qui aporteroient à Besençon viandes ou
autres choses, deanz les diz termes et la dite huytive, mal,

(¹) Chalezeule, à 6 kilom. de Besançon.
(²) Thise, à 8 kilom. de Besançon.
(³) Chaillu, vaste forèt, le principal immeuble communal de Besançon.
(⁴) Ce *moutier* de Tallenay était une chapelle dédiée à saint Gengoux,
aujourd'hui en ruine, située sur la crète de la côte de Chaillu, ligne de
partage des eaux entre les bassins du Doubs et de l'Ognon.
(⁵) Valentin, à 6 kilom. de Besançon.
(⁶) Miserey, à 8 kilom. de Besançon.
(⁷) Pouilley-les-Vignes, à 8 kil. de Besançon.
(⁸) Serre, à 9 kilom. de Besançon.
(⁹) Franois, à 9 kil. de Besançon.
(¹⁰) Avanne, à 8 kilom. de Besançon.

domaiges, force, desavenanz, torz faiz ne enjure, en lour personnes, en lour choses ne en lour biens, feissient ou facient faire par lour ou par autrui, nos, un chescuns de nos du tout et ensamble, prometons en bone foi ès diz citiens et ès habitanz en la dite cité, lou dit mal, domaige, force, desavenant, violance, enjure et tort fait amender, randre et restablir, sanz nule exception, barre ne deffanse metre avant. Et ausi prometons nos en bone foi à monsignour Richart d'Acelle que il et cil qui estoient avoc lui à Besençon seront saul et sehurs en touz leus, deanz la dite huytive, des devant diz monseignour Jeham et Thiébaut, et des suens et de lour aidanz. Et se descorz chesoit entre les diz citiens et les diz monsi Jeham et Thiébaut des termes et sus les termes desus escriz, qu'il fussent ou plus loinz ou plus près, li déclaracions et li spécifiemanz et li desboignemanz et li entancions comant il doient estre entandu sont en nostre raport et en nostre ordenemant. Et sont ausi de la dite sehurté totes les bestes que sont ès citiens de Besençon fuers les termes devant diz, en quelque leu qu'eles soient. En tesmoignaige de la quel chose, nos avons mis noz seas en ces présantes, faites et donées lou lundi après feste saint Jorge, l'ant Nostre Seignour M. CC. nonante, ou mois d'avril.

XXXV

1290 — 8 MAI.

Constitution d'une rente annuelle et viagère de dix livres, faite par la
commune de Besançon au profit du charpentier Ulrich, et reversible
sur Isabelle sa femme, en récompense des services dudit Ulrich
comme maître des engins, et à condition qu'il aidera à défendre la
commune, chaque fois qu'il en sera requis par elle, aux gages de
vingt sous par semaine.

(*Archives de la ville de Besançon, Registre municipal* I.
fol. CLXVIII verso.)

Li traucriz des latres Huriet a chaipuis.

Nos li citien de Besençou faiçou savoir à touz ces qui verront et orrunt ces présentes latres que nos, pensé et regardé
lou comun profist de la cité de Besençou et lou nostre, en
récompensacion des servisses et des bontez que maistres
Hurris, li maistres des engins, nos ai fait de son mestier, deis
le jor qu'il fui nostre concitiens, avons doné et donons et
outroions au dit maistre Hurri et à Esiber, sa fome, à lour
vies tant soulemant, dix livres d'estevenans de rante : en tel
mennère que se il avenoist que la dite Esibel sourevesquist
lou dit Hurri, après la mort d'icelui la dite Esebers doit avoir
chascun ant à sa vie les dites dix livres; et s'il avenoit que li
diz Hurris sorevesquist la dite Esibel, li diz Hurris, après la
mort d'icele, doit avoir ausi chascun ant à sa vie les dites dix
livres de rante. Les quelx dix livres de rante nos havons
promis et promestons, tuit ensanble et un chescuns par lui,
par stipulacion sollempne, en bone foy, randre et paier chascun ant ès diz maistre Hurri et à Esiber, sa fome, ou à celui
de lour qui sorrecevroit l'autre, ou moys de may. Et se nos en
défailliens, nos havons promis et promestons, tuit ensanble
et uns chescuns de nos par lui, randre et restorer ès diz
Hurri et à Esibel et à uns chascun de lour touz les coz, touz
lez domaiges que et touz les despens que il faroient ou encorroient
par l'ocasiom de la dite some de pécune que ne lour fust

paié à terme devant dit : des quex coz, despens et domaiges
nos havons promis, tuit ensamble et uns chascuns de nos par
lui, croire à un chescun de lour deus par son saremant, sanz
taxaucion de juge et sanz faire autre preve. Et por totes ces
chosses desuis dites, li diz Hurriz est tenuz de aidier à deffan-
dre la dite cité de Besençon, danz et defuers, contre toutes
genz, toutes les foiz qu'il en sarai requis de par nos : saul cou
que li diz Hurris n'est mie tenuz d'aler avoc nos por mal
faire à ses seignours ès quelx il estoit obligiez à tans que ces
latres furent faites ; et ne doit aler li diz Hurris contre nos,
por estre aidans à ses diz seignours, danz la cité de Besençon
ne defuers. Et est asavoir que totes les foiz que li diz Hurris
ovrerai por nostre cité, danz la dite cité ne defuers, il doit
avoir de nos chescune semainne vint soz d'estevenans por ses
despens. Et est asavoir que les couz, les despens et les domaiges devant diz que li diz maistre Hurris ou sa fome
faroient ou encorroient par l'ocasion desus dite, il sunt tenu de
faire et de demander la déclaracion des diz couz, domaiges et
despans par l'une des corz de Besençon, la quele il ou li uns
de lour vorroient eslire por faire la dite déclaracion, et non
mie par autre cort fuers de la cité de Besençon. En tesmoin-
gnaige de la quel chosse, nos havons mis nostre seal en ces
présentes latres, faites et donéie lou lundi après la feste de
l'invenciom sainte Croix, l'ant Nostre Seignour m. cc. nonante,
ou mois de may.

XXXVI

1290 — 3 juin.

Compromis par lequel la commune de Besançon s'en remet à Gauthier de Montfaucon et Simon de Montbéliard pour régler, jusqu'à concurrence d'un *maximum* de huit mille livres, l'indemnité de guerre due à Rodolphe de Habsbourg et Jean de Chalon, la question des draps et autres marchandises saisies sur des négociants bisontins devant se régler à part. *(Archives de la ville de Besançon.)*

Nos li Universitex des citiens de Besançon façons savoir à tout ceux qui ces letres verront que come nos haions compromis en nobles barons mon seignour Gautier de Montfaucon et mon seignor Symon de Montbéliart, seignour de Cusel et de Montron, de tot les descors et actions qui estoient et pooient estre, tant que à jor que ces letres furent faites, entre le très excellent prince Raoul, par la grace de Deu roy des Romains tot jors croissant, administrour de l'Empire de Rome, et mon seignour Jehan de Chalon, seignour d'Arlay, d'une part, et nos la Université de Besançon, d'autre part; que il des dit descors et actions nos puissent apaisier et dire et prononcier lour dit en une somme d'argent deis huyt mile livres d'estevenans en aval, saul les dras et les marcheandises à noz marcheanz, les ques mes sires Jehans ha pris, li quex ne sunt mie en ceste mise; la quel somme d'argent que il hauront dit et prononcié nos la dicte Université de Besançon devons paier et rendre a dit excellent prince Raoul, roy des Romains, et mon seignour Jehan de Chalon, ou a lour certain comandemant, selonc ce que li diz mes sires Gautiers et mes sires Symons ordeneront; nos la dicte Universitex des citiens de Besançon confessons et disons en verté que nos, deis le jor en avant aquel li diz mes sires Gautiers et mes [sires] Symons ou li uns de lour, se li duy ne i pooient estre ensamble, haront dit et prononcié lour dit en la dicte somme d'argent deys les huyt mile livres d'estevenans en aval, devons garder le dit mon seignour Jehan de Chalon de tot domaiges que il encorroit ou sustenroit par raison de la dicte somme d'argent qui dicte et prononcié seroit par les dit mon seignour Gautier et mon seignour Symon, ensi come devisez est ; prometanz en bone foy, et sus l'obligacion de tot noz biens, que nos toz les domaiges, deperdes, costes, missions et despens que il faroit, encorroit et sustenroit, par raison de la dicte somme d'argent, rendrons et restorerons entièremant à dit mon seignour Jehan, ensamble la dicte somme d'argent, et des domaiges, deperdes, costes, missions et despens le creirons par son seiremant sanz autre prove ; et se nos de ce li volions faillir, nos volons et outroions à dit mon seignour Jehan que il, sanz offense de droit, puisse panre tout de noz biens où que il les trovoit, que il en puisse havoir tot les domaiges, deperdes, costes, missions et despens devant dit, ensamble la dicte somme d'argent ; et à ces covenances tenir et garder nos oblijons nos et noz heirs et noz successours et tot noz biens où que il soient ne porront estre trovez. En tesmoignaige de la quel chose, nos la dicte Universitex de Besançon havons mis le seel de nostre communaté de Besançon en ces présentes letres, faites et donées le sabbedi après l'uitive de Pentecoste, l'an Nostre Seignor mil cc. quatre vinz et dix ([1].

(Grand sceau de la commune de Besançon) ([2].

([1]) La transcription de cet acte dans le *Registre* des délibérations de la commune, fol. clxvii verso, est suivie d'une délibération ainsi conçue : « Et ont promis et escordé li diz citien, tout ensamble, que se il avenoist chosse que acuns de lor du plesours paiolent de la hnance que om gesteroit sor lor et sor tot le common, por ce paier qui est de suis dit, que cil qui faudroient à paier con que l'un anroist gesté, que se domaiges en venoit à la cité, que li domaiges et les perdes en venaissant par sus ces qui ne auroient paié, se tant ne estoit que cil sor cui om lai auroit jesté ne peust paier par ce qu'il ne est de quoi ou par poureté, et cis qui auroient paié lor hnances entièremant en fuissant quite des domaiges desus diz. »

([2]) Voyez une image de ce sceau dans l'*Essai sur l'histoire de la Franche-Comté*, par M. Ed. Clerc, t. I, p. 448. — Cf. nos *Origines et variations des armoiries de la ville de Besançon*, dans les *Mém. de la Soc. d'Emul. du Doubs*, 4ᵉ série, t. III, 1867, p. 217.

XXXVII

1290 — 5 AOUT.

Engagement mutuel proposé à la commune de Besançon et à Jean de
Chalon, pour que, dans le cas d'une reprise d'hostilités, ils missent un
intervalle entre la dénonciation et l'exécution, de manière à ce que
les Bisontins et les sujets de Jean de Chalon présents au logis eussent
réciproquement quinze jours de trève, et ceux qui seraient absents
fussent garantis pendant un mois.

(Archives de la ville de Besançon.)

Nos Vatiers de Monfalcon, sires de Villafans, et nos Symons
de Montbiliart, sires de Montron, chevalier, façons savoir à
touz celx qui verront et orront ces présantes letres que nos
avons doné et donons porprise et atenance bone et loial à noble
baron nostre très chier et bien amé seignour Jeham de Chalon,
seignour d'Allay, ès suens, à ses aidanz et à lour choses, d'une
part, et à l'Université des citiens de Besençon, à la dite citey,
ès lour, à lour aidanz et à touz lour biens, d'autre part, de toz
les descorz que li une des devant dites parties avoient ou pooient
avoir l'une en vers l'autre jusque au tans que ces letres furent
faites ; ce saul que li drap, li bien et totes les choses que li diz
messires Jehanz, ou autres ou nom dudit monseignour Jeham, ont pris ou retour des foires de Champaigne sont fuers
de la dite porprise et atenance, en tel menière que cil cu les
choses, li drap et li bien desus dit sont et estoient au puent
demander et requérir lour raison là où muez lour plairai par
les corz de France ou de Champaigne et non autre part, la
porprise durant ; la quele porprise et atenance doit durier et
dure quinze jors continuemant enseganz après de ce que li
une des devant dites parties ou li autre l'auroit desdite, c'est
asavoir ès présanz deanz la dite cité au tans de la desdite ; et
à ces qui seroient fuers de la dite cité et à lour biens, et à celx
qui seroient fuers de la terre à dit monseignour Jeham et à
lour biens, dure la dite porprise et atenance un mois continuemant ensegant après ce qu'ele seroit desdite de l'une

partie ou de l'autre. Et ces choses desus dites nos li devant dit
Vatiers et Symons prometons ès dites parties tenir et garder
fermemant. Et s'il avenoit, que jai ne soit, que la dite porprise ou atenance fust corrompue, nos sumes tenu de dado-
maigier la partie qui seroit domaigié par lou corrompepant de
la dite porprise ; et à ce obligons nos et noz biens ès dites
parties. En tesmoignaige de la quel chose, nos avons mis noz
seas en ces présantes letres. faites et donées lou sambadi après
la feste de l'invencion seint Estainne, l'ant Nostre Seignour
M. CC. nonante.

(Sceaux de Gauthier de Montfaucon et de Simon de Montbéliard) (¹).

XXXVIII

1290 — 5 AOUT.

Ratification par la commune de Besançon de l'engagement réciproque
d'une trêve préalable, dans le cas où les hostilités recommenceraient
entre les citoyens et Jean de Chalon.

(Archives de la ville de Besançon.)

Nos li citien de Besençon façons savoir à toz ces qui verront ces présentes latres que nos la porprise et l'atenance qui
est donée à noble baron Jehan de Chalon, seignor de Allay,
chevalier, d'une part, et à nos devanz diz citiens, d'autre part,
par nobles homes Watier de Monfalcon, seignor de Willa-
fans, et Symon de Mombéliart, seignor de Montron, chevaliers, tenrons et garderons fermemant en la menière et en la
forme qu'ale est donée et seelée des seax ès devant diz Watier et Symon. Et s'il avenoit, que jai ne soit, que par nostre
corpe ou par nostre meffait la dite porprise et atenance fust
corrumpue, et li dit Watiers et Symons ou li uns de lor en
sostenait domaiges en vers le dit mon seignor Jehan ou en
vers aucuns de ses aidanz, nos suimes tenu ès diz Watiers et

(¹) Voyez la description de ces deux monuments dans l'*Inventaire des
sceaux des archives de l'Empire*, par M. DOUET D'ARCQ, nᵒˢ 2878 et 2900.

Symon de restorer les diz domaiges, senz nule exception matre avant. En tesmoignage de la quel chose, nos avons mis nostre seel en ces présentes latres, faites et donées l'an Nostre Seignor Jhésucrist corrant par M. CC. et nonante, le sambadi après la feste de l'invencion Saint Estainne.

XXXIX

1290 (16 FÉVRIER). — 1291 3 (FÉVRIER).

Compte des dépenses faites par la commune de Besançon pour résister à Jean de Chalon, lieutenant de Rodolphe de Habsbourg, et obtenir de ce monarque un traité de paix favorable à l'extension de ses franchises.

(Archives de la ville de Besançon, Registre municipal I, fol. XXIII verso — XXV verso.)

Cou est cou que nos davons Perrin a Corsin : LX et XIII l. qu'il nos prestai le mardi devant l'Aussenciom (¹), por paier mon seignour Rechar d'Aucelle; it., XX l. qu'il nos prestai l'endemain de la saiute Jorge (²), por paier mon seignour Rechar d'Aucelle.....

Nos davons mon seignour Rechar d'Aucelle, por cou que nos le retenaimes por le baitant de mont seignour Jehant de Chalon et du roi d'Alemaigne, la quinzène après la Chandelousse, l'ant qui corroit par M. CC. et IIII XX et IX anz (³), VI C livres; it., li davons por ses soz de L jors qu'il demorai en ceste vile, cinquante s. le jor, VI XX l. et C s.

(¹) 9 mai 1290.
(²) 24 avril 1290.
(³) 16 février 1290.

7

L'ant Nostre Seignour м. cc. et iiii xx et nuef (¹). — Cou
sunt les misses que Amiez de Chois ait fait :

Prumèremant maistre Orri, la prèmère semainne de qua-
rame (²), xl s. qu'il li donai.

It., Jehannoit d'Aitavier (³) xx s.

It., la semainne après les Bordes (⁴), mon seignour Rechar
d'Acelle xl l.

It., lou mecredi devant Paisques flories (⁵), mon seignour
Rechar d'Acelle lx l.

It., Perrenoit de Betoncort, le mecredi devant Paisques
flories, xxvii s.

It., la voille de Paisques (⁶), Jehant Bon-Valoit xv l.

It., cest jor mames, Humber de Charmont xv l.

Item, à ces qui amonarent la ney (⁷), lx s. à Rousseloit.

Item, Jaiquin de Lentène, la voille de Paisques (⁸), xii l.

Item, l'endemain de Paisques (⁹), à valoit Guiot Gaillart,
por porter latres, v s.

Item, lou vanredi après Paisques (¹⁰), Girar a Varrier xx s.
por l'aitaillierre (¹¹) de Vandre (¹²).

(¹) C'est-à-dire 1290, car le comput civil d'alors faisait commencer
l'année à Pâque, et l'ouverture du présent compte est antérieure à cette
fête.

(²) 19-25 février 1290.

(³) Au feuillet xvii verso de notre *Registre*, ce personnage est appelé
Jehant d'Aitavaier, surnom qui indique qu'il était originaire d'Estavayer,
canton de Fribourg.

(⁴) 19-25 février 1290.

(⁵) 22 mars 1290.

(⁶) 1ᵉʳ avril 1290.

(⁷) Il s'agit d'un bac qui faisait l'office que remplit aujourd'hui notre
pont de Bregille : on dut naturellement l'amarrer durant le blocus.

(⁸) 1ᵉʳ avril 1290.

(⁹) 3 avril 1290.

(¹⁰) 7 avril 1290.

(¹¹) Artillère, machine de guerre. — Voyez le *Glossaire* de Ducange,
au mot *Artillaria*.

(¹²) *Li Vandres* était le surnom d'un important citoyen qui figure dans
notre *Registre* (fol. vi) comme receveur des impôts du quartier du Bourg,
en 1290.

It., mon seignour Rechart d'Aucelle xliii l. x s., par Perrin le Corsin, la voille de Paisques clusses (¹).

It., cest jor mames, Perrin a Corsin iiii l. por mon si Rechar d'Aucelle.

It., cest jor mames, Perrin a Corsin, por mon seignour Rechar, viii l. x s.

It., la voille de Paisques clusses, Willemin de Gy xx s. por aler en Alemaigne.

It., l'endemain de Paisques clusses (²), Perrin a Corsim, por mon si Rechart d'Aucelle, vi l. et ix s.

It., l'emdemain de la saint Jorge (³), Perrin a Corsin, por mon seignour Rechar, viii l. et x s.

It., le jor desuis dit, Perrin a Corsin, por mon seignour Rechar, c et x s.

It., le jor desuis dit, Perrin a Corsin, por mon seignour Rechar, xxviii l. et x s.

It., cest jor mames, mon si Rechar xx l., bailliez par Perrin le Corsin.

It., le jor de la saint Marc (⁴), ès ii abellestiers (⁵) mon seignor Rechar xl s.

It., cest jor mames, Perrenoit de Betoncort c s.

It., la voille de may (⁶), à si Jehant Bon-Valoit vi l.

It., cest jor mames, Hunber de Charmont xviii l.

It., le jor de la Sainte-Croiz de may (⁷), Hudresier de Neuf-Chestel x s.

It., le vanredi devant l'Aussencion (⁸), Perrin a Corsin vii l., par le Vandre, por la fome Rechard d'Avangne.

(¹) 8 avril 1290.
(²) 10 avril 1290.
(³) 24 avril 1290.
(⁴) 25 avril 1290.
(⁵) Arbalétriers.
(⁶) 30 avril 1290.
(⁷) 3 mai 1290.
(⁸) 5 mai 1290.

It., le deumanche devant l'Aussencion (¹), Hunber de Charmont xvi l.

It., cest jor mames, à si Jehau Bon-Valoit vii l.

It., le mardi devant l'Aussencion (²), mon seignour Rechar d'Acelle c l. baillés Jeham, som cuer (³), par devant J. Bon-Valoit, W. de Nox, Jaiquet, son oste.

It., cest jor desuis dit, J., a cuer mon seignour Rechar, xx s. quand il vient quere les dites c livres.

It., le demanche après l'Aussenciom (⁴), a si Jehant Bon-Valoit c s.

It., cest jor mames, Hunber de Charmont xvii l. et xviii s.

It., la voille de Pentecoste (⁵), Hunber de Charmont, x l. x s.

It., le mecredi après Pentecoste (⁶), mon seignor Estène Charreton xx s. por aler ver le duc de Borgoingne.

It., le vanredi après la Pentecoste (⁷), Colun-Mostier v s. por aler ver mon seignor Rechar d'Aucelle.

It., le jeudi après l'euitaive de Penthecoste (⁸), Perrenoit de Betoncort v s. por une aiche (⁹).

It., mon seignour Rechar d'Acelle, lou sanbaidi après la saint Jehant (¹⁰), c l. et c s.

It., le sanbaidi devant la Mazelenne (¹¹), a Varrier xxviii s.

It., mon si Rechar d'Acelle, le mecredi devant Nostre-

(¹) 7 mai 1290.
(²) 9 mai 1290.
(³) Son écuyer.
(⁴) 14 mai 1290.
(⁵) 20 mai 1290.
(⁶) 24 mai 1290.
(⁷) 26 mai 1290.
(⁸) 1ᵉʳ juin 1290.
(⁹) Une hache.
(¹⁰) 1ᵉʳ juillet 1290.
(¹¹) 15 juillet 1290.

Dame de setenbre ([1]), lx l. bailliez Lorençoit a Lunbar de Montbéliart ([2]).

It., le sanbaidi après la Sainte-Croiz de vendenges ([3]), a Varrier c s.

It., lx s. bailliez Jouaste, por la latre de mon seignour Girar d'Arguel et de nos du bois d'Aillant ([4]).

It., v s. por latres porter l'official de Lossanne.

It., xl s. bailliez ès Jaicobins, por aler à Lossanne.

It., Jehannin Apatecour ([5]) xx s., por les foussez de Chaimars ([6]).

It., Hugonin de Chois c s., par Perrin le Corsin, que li prodomes li donairent.

———

Cou est por la porte de Saint-Estène, por faire la porte colice :

À l'official Gautier ([7]), por ii pièces de bois, vii s. vi d.

It., Estevenin a Paul, por une celive ([8]), iiii s.

It., à l'Escot d'Atalans ([9]), por iii pièces de bois, xxxii d.

It., por i cent d'ais, ii s. viii d.

It., à la porte de Rivate, por ii pièces de bois, vi s. vi d.

([1]) 6 septembre 1290.

([2]) La quittance de ce paiement, donnée par « Lorençoiz li Lumbars demoranz à Montbéliart, » est restée dans les chartes de la ville de Besançon.

([3]) 16 septembre 1290.

([4]) Le bois d'Aglans se partageait entre la commune de Besançon et la seigneurie d'Arguel (*Pièce justificative* n° XXXIV). La ville de Besançon possède encore aujourd'hui son morceau de cette forêt.

([5]) Cet individu est appelé, dans un autre article de notre *Registre* (fol. xvii verso), *Jehannin Apautecour :* ce surnom lui venait de sa profession d'apothicaire.

([6]) Aujourd'hui Chamars, l'ancien *Campus Martis* du Vesontio romain.

([7]) C'était l'official de l'archidiacre, qui mit si complaisamment à la disposition de la commune le sceau de sa juridiction.

([8]) Solive.

([9]) Etalans, village des montagnes du Doubs, aujourd'hui du canton de Vercel.

It., por xxviii chaipuis, xxx s. iiii d.

Some des pièces desuis dites : liii s. viii d.

It., à la porté de Rivate, por une charrate, iii jors, ix s.

It., por iii garçons, xv d.

Some par tout : lxiii s. xi d.

It., por une charrate, ii jors, vi s.

It., por ii garçons, x d.

Some par tout : lxx s. ix d.

————

Some par tout des mises que Amiez ai fait : vi c et lx l. et
ii s. viiii d., du compe fait l'endemain de la Chandelouse,
l'ant Nostre Seignour m. cc et iiii xx et x anz (¹).

————

L'ant Nostre Seignour m. cc iiii xx et x anz, l'endemain de
la Chandelouse, fist compe Amiez de Chois de quan qu'il avoit
reçu et de quan qu'il avoit mis : en tel mennère que om doit
à dit Amiet de retor xvi l. ix s. et ix d. Cis compes fui faiz en
la chemenéie (²), par devant touz gros et menuz.

(¹) 3 février 1291.

(²) Ce terme, qui servait à désigner la salle des réunions de notre
conseil communal au xiiiᵉ siècle, n'était pas particulier à la ville de
Besançon. — Voyez Ducange, au mot *Caminata*.

TABLE

XXIII-XXVII et XXX. — Récits originaux de la campagne de Rodolphe de Habsbourg en Franche-Comté (21 juillet — 4 septembre 1289).

XXXI-XXXIX. — Documents sur la résistance opposée à Jean de Chalon-Arlay par la commune de Besançon, et traités faits avec ce lieutenant impérial pour terminer la lutte (15 février — 5 août 1290).

Besançon. — Imp. Dodivers.

www.ingramcontent.com/pod-product-compliance
Lightning Source LLC
Chambersburg PA
CBHW052127090426

42741CB00009B/1988